JN084623

認知
言語学的
発想

英日翻訳の技術

鍋島弘治朗
Kojiro Nabeshima (a.k.a. spiralcricket)

マイケル・ブルックス
Michael N. Brooks

 くろしお出版

For Noa and Bob

はじめに

　本書『認知言語学的発想！英日翻訳の技術』は、英日翻訳の基礎となる技術を身につけながら、言語と文化について理解を深めることができる翻訳の入門書です。

　1990 年代にコンピュータやインターネットが盛んになって国際間の情報のやり取りが一気に増え、それ以降翻訳の需要は増大し続けてきました。このため翻訳家も増えましたが、その反面、その質にはかなり改善の余地があるといわねばならないのが現況です。

　翻訳は技術です。技術とは人間に生まれつき備わっているものではなく、その人自らの意志によって習得するものです。ところが勉強などしなくても英語と日本語の両方がわかってさえいれば翻訳できるとたかをくくっている人が意外に多く、こういう偽りのプロの翻訳したものが世に広く出まわっているのが現状です。偽りのプロの訳した文章は、原文を誤って解釈している箇所が多いのに加えて、日本語としても不自然でぎこちなく、代金を要求できるなどという代物ではありません。こうした偽りの翻訳を目にするたびにため息が出ます。

　翻訳は「習得」するもの。「習得」のプロセスは、まず翻訳を勉強する必要性に自覚めることから始まります。知識の蓄積は、まず自分がいかに無知であるかに気づくことから始まるからです。自分が何でも知っていると思ったら、進歩は望めません。

　このテキストの新しい点は、次の 3 点です。まず、翻訳の意味と機能に集中していること。これまでの翻訳の教科書は、高校や大学受験の続きで、文法的な項目をどう訳すかを検討したものがほとんどでした。本書は、英語と日本語それぞれの発想を捉え、首をかしげるような日本語訳を、日本語らしい自然な訳に置きかえる技術を提供します。

　第 2 に、学生からの Q&A を取り入れ、わかりやすい説明を加えたこと。対話形式の質問と回答によって、高度な疑問も平易な語り口でわかりやすく頭に入ってきます。なお、協力してくれた石関束沙さん、田村颯登さんに感謝します。

第3に、このテキストは皆さんが翻訳を実際に行う、実践的な練習帳であることです。各章で学んだことは、練習、演習、課題の3つのステップで確かめるように構成されています。ひなが巣から飛び出し、大空を駆け巡るように、各章の技術を自分のものにしていってください。

　タイトルの一部である「認知言語学的発想」は、spiralcricket の専門が認知言語学であることからつけました。本書の中には新しい言語学である認知言語学の発想が散りばめられており、翻訳を通じて認知言語学の発想を自然に学ぶことができるようになっています。コラムでは、翻訳の実践者を中心に各界から皆さんへ素敵なアドバイスをいただきました。

　翻訳という仕事は決してやさしくはありません。短期間でマスターできるものでもありません。しかし、私達は翻訳を通して得るものも大きいと信じます。翻訳の勉強を通して、翻訳の奥深さに気づくだけでも大きな収穫だと思います。どんな勉強についてもいえることですが、短期間で大きな収穫を期待すると、後で意気消沈することになりかねません。うさぎ型よりかめ型、またはキリギリス型よりアリ型の姿勢で皆さんが翻訳に臨むことを期待しています。

　本書は、関西大学の spiralcricket の授業の中で 10 年以上の蓄積を経て発展していますが、始まりは、マイケル・ブルックスがサンフランシスコの翻訳通訳エージェンシー Aisei Japanese Language Services で翻訳講座を開講しているところに、spiralcricket が講師になったことでした。同社のレガリア耀子社長に大変お世話になったことに対し、感謝の意を表したいと思います。

spiralcricket and Michael N. Brooks

March 15, 2020

目 次

第1章
翻訳者になるために

　翻訳の世界には、大きく分けて出版翻訳と産業翻訳があります。

　出版翻訳とは、その名の通り出版された本を訳すものです。小説などの文芸作品が主で、収入は売れた部数に対する印税です。したがって、翻訳者の収入もその本の売れ行きによって左右されます。仕事は版権を持つ出版社からもらうことが多く、コネがものをいう分野です。出版翻訳家は、かなりのコネがあるか、または名声を確立していないと仕事がなかなか入ってきません。

　これに対して産業翻訳（別名ビジネス翻訳）には、刊行本に自分の名前が載るという出版翻訳の持つ華々しさはありませんが、需要も多く、印税収入と違って仕上げた量に対して一定の報酬があるため、出版翻訳より安定しているといえるでしょう。

　出版翻訳と産業翻訳は本質的に異なった翻訳分野です。翻訳者の創造力が要求されるという点ではどちらも共通していますが、相違点はその創造力の使い方にあります。つまり、出版翻訳では原文の内容を正確に伝えるだけでなく、目標言語（翻訳後の言語）での表現のあや、芸術性といったものを出すために創造力を駆使します。読者を感動させるのが大きな目的です。これに対して産業翻訳で要求される創造力とは芸術性ではなく、原文が伝えようとしている事実や見解を、正確に、簡潔に、また「自然な」ことばで訳す力です。ですから産業翻訳はコミュニケーションに重点を置く分野であるといえます。本書では文芸関係の文例も多少取り扱いますが、主に産業関係の様々な文書を翻訳の対象とします。

　出版翻訳と産業翻訳以外に、コピーライティングという分野があります。これは製品の広告・宣伝用の文句を創り出す仕事で、ある言語から別の言語に「翻訳」する場合もあります。ところが、宣伝文句というのは、たとえば

英語で述べていることをそのまま忠実に日本語に訳しただけでは効果がない場合が大半です。これは、コピーライティングの主目的が芸術性とかコミュニケーションではなく、販売促進にあるからです。つまり、英文のコピー（宣伝文句）をそのまま日本語に直しても、両言語の背景となる文化が異なるため、その製品の販売量に直結しません。このため、コピーを訳すときは、原文の意味を大幅に無視し、製品が売れそうな文句をその目標社会の文化に合わせて創ります。この意味で、コピーライティングの翻訳は、普通我々が「翻訳」と呼んでいるものとは異なります。この講座では、コピーの翻訳の類は対象としていません。

　今まで説明してきた3つの分野の相互関係を大まかに示したのが次の図です。濃いグレーになっている部分がいわゆる産業翻訳です。

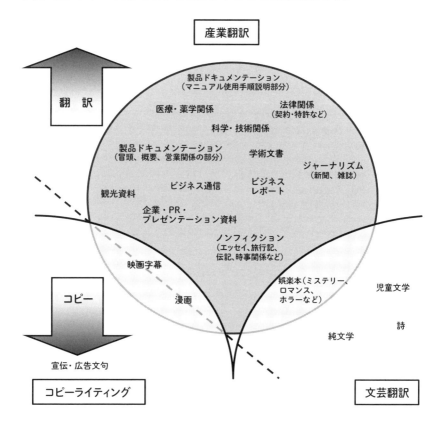

英日翻訳と日英翻訳

さて、翻訳する方向としては、自分の母語に訳すというのが翻訳界の常識です。ヨーロッパおよびアメリカでは、この方式が徹底していて、翻訳者が自分の母語から母語以外の言語に訳そうとしても、クライアント、または翻訳会社（エージェンシー）が許さないのが普通です。その理由は、翻訳者が自分の第2言語でものを書いても、その第2言語の母語話者が問題なく理解でき、かつ自然な文章を作ることは、できるとしても非常に難しく、そのレベルに達するのに時間もかかるからです。料金を払って翻訳を依頼してくるクライアントは、目標言語の母語話者が書くレベルを期待しますから、自分にとって外国語だから少しは変でも許してくれるだろう、という甘えは絶対に通用しません。確かに2つの言語が同等に使える、という完全にバイリンガルの人もまれにいます。この人たちは、完全にバイリンガルであるというだけでは翻訳家として不十分ですが、適切な訓練を受けて技術が上達すれば、プロとして両方向の翻訳作業ができます。

したがって、英語と日本語の場合、日本で生まれ育ち、日本語を母語とする人は、英語の文書を日本語に訳すのが理想です。現実には日本人が日本語から英語に訳すことが頻繁に見受けられますが、これは日本語以外の言語を母語とする翻訳家の人口が極端に少ないという背景的理由があるため、必要に迫られて起こった現象だと思います。この弱点を補正する手段として、日本の翻訳会社では、日本人翻訳家が日英翻訳した文章を英語を母語とする人にチェックしてもらう「ネイティブチェック」という作業を工程に入れています。ここで少々危険なのは、ネイティブチェックする人自身が翻訳家でないことがあるということです。この場合、そのチェッカーは原文である日本語を読まずに、英語だけを見て訂正するため、原文の意味からそれてしまう可能性が非常に高くなります。日本人が日英翻訳をしてその「ネイティブチェック」を行うときは、チェッカー自身が日英翻訳家であることが重要です。国際化が進んでいく今後の日本では、英語を母語とする日英翻訳家の数

が需要に追いつくのも夢ではないと思います。

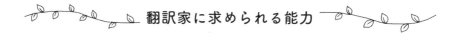

翻訳家に求められる能力

　プロとして英日翻訳をするには、次に述べる5種類の能力が必要です。

1.　英文解釈の力

　まず必要なのが英語を理解する力です。翻訳家志望者に動機を聞くと「日本の高校や大学で英語が得意だったから」「アメリカ生活が長くて英語には自信があるから」「アメリカ人と結婚していて英語は身近に接しているから」または「英文科出身だから」という理由をあげる人がいます。こういった履歴や状況は翻訳をするにあたってマイナスにはなりませんが、はっきりいってこれだけではプロの翻訳家にはなれません。アメリカに何十年住んでいても英語の解釈力がまるっきりという人もいますし、日本で外国語として習った英語の教材は理解できても、生きている英語、つまり実際に生活の場で使われている英語には弱いという場合もあります。また、アメリカ人と結婚していて英語には不自由しないから、と安心してはいけません。アメリカ人と日本人が結婚すると、例外もありますが、ふたりの間のコミュニケーションは普通、英語で行いますから、英語を話すという点で練習を積んでいることにはなります。ところが、いくら英語を話す練習をしていても、それを書いたり、ましてや他の言語に変換して書いたりする練習をしていることにはなりません。要するに、英語が得意であるとか、英語圏での生活経験が長いとかということは、翻訳をするにあたってそれだけでは十分ではなく、英語と日本語の特徴や相違点、また言語変換の技法などを意識的に勉強して身につけ、商品価値のある訳文を作成する練習を積まなければ、プロとしてはやっていけないのです。

2.　日本語の表現力

　次に問われるのは日本語力です。「日本で生まれ育ったから日本語はだい

10

じょうぶ」と思っている人はいませんか。日本出身であれば日常のコミュニケーションは日本語で不自由なくできる、というのは確かにあたりまえですが、翻訳は話す作業ではなく書く作業です。文書に使うことばは、おのずと話しことばとは違います。クライアントは高い料金を支払って翻訳を依頼してくるのですから、翻訳者のほうもそれ相応の文を書く能力が要求されます。翻訳者はジャーナリストやテクニカル・ライターと同じで、正しく、読みやすい文章を書き、かつそれぞれの文書に適切な表現やスタイルを使わなければなりません。友達に手紙を書くのと同じというわけにはいきませんから、これもやはり意識的な努力が必要なのです。

3. 専門分野の知識

　さて、英文の解釈力と日本語の表現力の他にはというと、訳す分野に関する専門知識を持っている、という条件をあげることができます。たとえばコンピュータのマニュアルを訳すのなら、コンピュータの知識がなければ訳の質に影響してくるのは当然です。しかし、そうかといってコンピュータを専門にしている人は知識があるから翻訳がすらすらできる、というわけでもないのです。知識があっても、ものの書き方を知らないというケースが多々あります。知識というものはそもそも人間に生まれつき備わっているものではなく、学んで身につけるものですから、翻訳をする際に、参考書を使ったりその分野に携わっている人に聞くなどして勉強することが重要です。自分には専門分野がないと悲観するには及びません。翻訳家は万能の神でも魔術師でもありませんから、翻訳の分野を選ぶ際、自分がある程度詳しい分野に決めるのはもちろんですが、それでも翻訳する文書の内容について知らないことが出てきても当然です。そういうときは、自分の知っている限りのリソース（参考書、知人、インターネットなど。特に最近はインターネット上で、たとえば固有名詞などをすぐに確認できます）を使って知識を取り入れる努力をすることです。たとえば、アフリカに行ったことがないから、アフリカのある部族の習慣についての文献は訳せない、ということはありません。書物などのリソースを調べれば済むことが多いのです。ですから知識はすでに

あればそれに越したことはないが、なくても勉強して身につけていくものと考えましょう。

4. 調査能力

辞書にも出ていない用語に出くわしたらどうしますか？翻訳に限りませんが、何か未知のものに遭遇したときに、どこをどう探せば答えが見つかるかを知っているのと知らないのとでは雲泥の差があります。たとえば、インターネットで情報を検索するにしても、どのサーチエンジンを使ってどのようなキーワードを入力すれば目的の情報が見つかるかを知っているということは、翻訳作業の基本中の基本です。この調査能力は、翻訳家の隠れた武器です。

5. 翻訳の技術

さて、翻訳の対象になる両言語の運用能力、翻訳する分野の知識、および調査能力のそれぞれを皆さんが持っているとします。ここで、さらにプロの翻訳家として最後に要求されるのが、翻訳する「技術」です。英語と日本語をどのような高水準で理解していても、どんなに上手な文章が書けても、専門知識がどれだけ多くあっても、また調査がどんなに上手でも、翻訳の「仕方」を知らないと、宝の持ち腐れというものです。この翻訳技術を習得してこそ、プロの翻訳家が生まれるのです。いうまでもなく、その技術を学ぶツールの1つになることを筆者らが期待しているのが本書です。

翻訳家は役者に似ています。映画俳優などは、出演する映画の役柄によって消防士、弁護士、芸術家などになります。ところが、だからといって俳優が消防士、弁護士などとしての能力があるというわけではないのは誰にも明白です。俳優は、演ずる役の職業について詳しく調査し、その職業人に一歩でも近くなろうと勉強します。究極の目的は、観客に「本当らしさ」を感じさせて感動を与えたり、その映画のポイントを伝えたりすることです。翻訳家も同様です。医学関係の文書を立派に訳すことができても、医者として開業できるわけではありません。役者が脚本を解釈して観客に脚本のいおうと

しۃていることを伝えようとするのと同じように、翻訳家の目的は、原文を解釈してその内容をクライアントや読者に正しく伝えることです。翻訳者は、まさに「翻役者」であるべきです。

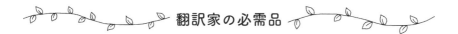

翻訳家の必需品

1. パーソナルコンピュータ

　英語から日本語に訳す場合、25 年ぐらい前までは手書きの日本語文を受け取ってくれる顧客がいましたが、現在ではパソコン仕上げ、またはインターネット上の翻訳支援ツールで翻訳して納品するのが常識です。翻訳会社とフリーランス契約を結ぶときも、パソコンを持っていることが第一条件です。Windows 系と Macintosh のどちらをそろえたらいいかという質問がよくあります。一昔前までは、Windows 系機種はワードプロセッサ、表計算、プレゼン、データベースなど、ビジネスで頻繁に使われるソフトウェアに向いており、一方、Mac はグラフィック関係と教育関係のソフトウェアに向いていると一般的にいわれていました。当時、特にアメリカでは Microsoft の Office ソフトを使って翻訳を納品するのが普通で、その上 Mac、Windows 間でファイルを交換すると文字化けが起こったり図表が崩れたりすることが頻繁にあったため、産業翻訳では Mac は事実上使えない状態でした。最近では、Mac には Mac ネイティブのワードプロセッサ、表計算、プレゼンのビジネスソフトがあるのにあまり使われておらず、その代わりに Microsoft の Mac 版 Office ソフトが広く使われています。Mac、Windows 間のファイルのやりとりも、昔と比べて非常に正確にできるようになりました。

　また、現在の Mac には Retina Display など、高度の画面ディスプレイ技術やグラフィック技術が使われているため、昔と同様に商業美術などの用途に広く使われています。この点で Mac はいまだにグラフィック関連で Windows に勝っているといえます。つまり、最近の Mac はビジネス関連でもグラフィック（芸術）関連でも十分使えるといえます。ただし、コスト面では、価格が下がってきたとはいえ、Windows 機種に比べてまだ高めであ

るというのが現実です。

アプリケーションが複雑化し、サイズが大きくなる一方の今日では、コンピュータのメモリや保存スペースはできるだけ大きい方が安心です。せっかく好きな仕事をもらったのに、メモリが足りなくてできなかったという話をよく聞きます。メモリや保存スペースに関しては「大は小を兼ねる」です。

2.　インターネットアクセスと納品形態

インターネットへの接続は、調査から納品まで、翻訳のあらゆる作業で必要不可欠です。アクセススピードは、できる限り速いものを使いましょう。スピードが遅いと、調査、および翻訳作業そのもののスピードが落ちてしまい、極端なケースでは納品期限に間に合わなくなるということもあり得ます。

翻訳の納品形態としては、e メールに翻訳ファイルを添付する方法が、一昔前まで主流でした。また、大きなファイルは FTP（File Transfer Protocol）という方式を使ってウェブにアップロードする方法もありました。最近は、特に大きな翻訳会社やクライアント会社の翻訳部に納品する場合、各社のオンライン翻訳ツールを使って訳すというケースが多くなっています。このツールには、作業ファイルに関連する用語集や過去に現れた同様の文を表示する機能が含まれており、かなり役に立ちます。

SDL Trados に代表される翻訳支援ツール、いわゆる CAT（Computer-Assisted Translation）ツールは、上に述べた翻訳ツールのコンシューマー版ともいうべきもので、少々高価ですが、慣れれば使う価値があります。こういった翻訳支援ツールを使うことを条件に契約する翻訳会社もあります。

また、原文ファイル、資料、納品ファイルなどに Adobe 社の Acrobat というソフトウェアで作成した PDF（Portable Document File）がよく使われます。これは Windows、Mac、Unix などのプラットフォームやソフトウェアに関係なく、オリジナルファイルのフォーマットやレイアウトをそのまま保存・表示できる、便利なファイル形式です。PDF ファイルを閲覧するためのソフトである Acrobat Reader（www.adobe.com から無料ダウンロード可能）は必携です。

3. コンピュータ周辺機器とオフィス機器

すべてオンラインでファイルの通信が行われる現在では、ファクシミリは昔ほど必要性がなく、ファックスで翻訳を納品することはまれになってきました。クライアント企業が画像などを送ってくる場合も、昔はファックスを使ったところを、今ではすべてスキャンし、PDF や画像ファイルとしてメールに添付して送ってくる場合がほとんどです。

翻訳のプロとしては、白黒ならレーザープリンター、カラーなら高品質のインクジェットプリンターを揃える必要があります。プリンターを購入する場合は、多機能の機種を入手することをお勧めします。この種のプリンターは、印刷、コピー、スキャン、ファックスの 4 機能を 1 台でこなすというもので、いわば一石四鳥、大変便利です。

4. 辞書と参考書

最後に、辞書と参考書も翻訳家のよき伴侶です。次の各種の辞書・参考書が必要です。

・英和辞典
・国語辞典
・日本語の類義語辞典
・各専門分野の用語辞典と参考書

その昔、翻訳家は非常に重い、紙の辞書を何冊も書斎の本棚に揃えて仕事したものでした。次に CD-ROM の辞書類が出現し、パソコンの CD/DVD ドライブに入れて使うようになりました。これで検索が自由自在になり、スピードもぐんと上がりました。ところが今では CD/DVD ドライブ自体が搭載されていないノート型パソコンが主流になってきているため、外付けの CD/DVD ドライブを購入して、いちいちそれに辞書の CD や DVD を挿入して使う代わりに、インターネット上にある辞書や参考書が盛んに使われています。経済、医学、コンピュータ、ビジネスなど、各分野の用語辞典と参

考書などは、インターネットのリソースが特に役立ちます。その上、無料で使えるものが大半を占めています。ただし、インターネット上の情報は、正確性、詳細性に関してピンからキリまでありますから、皆さんが翻訳するときは、よいリソースを探し出す「調査能力」を磨いて駆使しましょう。

　以上、翻訳者となる心構えと下準備について述べました。次章からさっそく翻訳を実践してみましょう。

第2章
優れた翻訳とは

**South America holds rich rewards
for intrepid travelers.**

×南米は勇敢な旅行者のために豊かなほうびを持っている。
○勇気を出して南米を冒険すれば、その醍醐味を味わうことができる。
○南米は冒険の宝庫！

　どのような翻訳が優れた翻訳といえるのでしょうか。また、翻訳の際はどのようなことに気をつけなければならないのでしょうか。まず、翻訳の例をいくつか見てみましょう。なお、○がついているのは推奨される翻訳、×がついているのはよくない翻訳、△はその中間です。また、何もついていないのは普通の、問題のない訳です。

　Put your name on the document.
　書類に署名してください。

　ここでは、put your name という3つの単語からなる句が、「署名する」という1語になっています。

　Saipan looks like a land of milk and honey.
　サイパンは楽園のようだ。

　a land of milk and honey という表現の出典は聖書です。旧約聖書「出エジプト記」3章8節にある、神がモーゼに伝えたことばで、神がイスラエル人

をエジプトから「豊かな土地」へ救い出すことを約束したものです。この聖書の記述を背景として、豊かな土地を表すことばとなりました。そのまま「乳と蜜の（流れる）地」とするのも場合によっては可能でしょうが、サイパンに「乳と蜜」はやや違和感があるかもしれません。

We are somewhere in England in the 19th century. A pretty housemaid works in a nice house, which is Dr. Jekyll's house.

話は 19 世紀のイングランド、ジキル博士の大きなお屋敷で愛らしいメイドさんが働いていました。

これは小説『ジキル博士とハイド氏の奇妙な事件（*The Strange Case of Dr. Jekyll and Mr. Hyde*）』（Robert Louis Stevenson, 1886）の一節ですが、英語では We are somewhere in England in the 19th century. となっているところが、日本語では、「話は 19 世紀のイングランド」と短くなっています。しかし、両者とも物語の出だしとしては効果的ですね。また、英語では a nice house, which is Dr. Jekyll's house. となっていますが、日本語では、「ジキル博士の大きなお屋敷」となっており、関係代名詞も使っていませんし、a nice house が「お屋敷」と変化して印象深くなっています。

Take the following dose orally three times a day after meal.

1 日 3 回、食後に服用してください。

これは薬の注意書きです。英語の the following dose がまったく日本語に現れていません。Take ~ orally は「服用」と表現されています。

Placing leisure mats or belongings prior to parade start does not guarantee seating for any guests.

パレードやショーをお待ちの際、お荷物やレジャーシートなどによる場所取りはご遠慮ください。

ユニバーサル・スタジオ・ジャパン（USJ）の注意書きということですが、英語では、「□することは△を保証しない」という形で事実または規則の記述になっているのに対し、日本語では、「□はご遠慮ください」とお願いの形を取っています。文法はまったく異なるのに、機能は同じで、しかも日本語らしい訳になっています。たとえば、上の英語を下のように直訳したらどうでしょうか。

×パレードの開始の前にレジャーマットやお荷物をお置きになることは、
　どのお客様の席も保証しません。

　このような直訳では意味がよくわからない文章となってしまいますね。次の文はどうでしょうか。

His rise in position did not affect his gentle disposition.
○彼は偉くなっても、相変わらず物腰がソフトだった。

　これも、直訳すると変ですね。

×彼の地位が上がったことは彼の柔らかな性分に影響を与えなかった。

　これでは意味がさっぱりわかりません。「彼の柔らかな性分」など、単語の選び方が悪いのは確かです。しかし、それだけではなく、一般的な文法構造の違いがあります。

英語	他動詞文	（SVO*）
日本語	自動詞文＋接続＋自動詞文	（SV＋接続＋SV）

　＊ちなみに、英語は SVO（主語・動詞・目的語の順）ですが、日本語は SOV（主語・目的語・動詞の順）です。

英語は、他動詞文であるところ、日本語は、2つの自動詞文などを接続詞（ここでは接続助詞）がつなぐ形式になっています。この文型変換の技術に関しては、6章［無生物主語Ⅰ］から8章［名詞句］で取り上げます。

　さて、これまでの例を見ると、英語の文体をそのまま日本語で使って、いわゆる「直訳」をすると、結果的に不自然な訳、または意味のわからない訳ができてしまうことがわかります。よって、翻訳先の日本語では、文型は違っても意味が英語と同じになるように工夫する必要があるといえます。

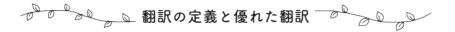

翻訳の定義と優れた翻訳

　それでは、ここで翻訳の定義を考えてみましょう。機械翻訳を取り扱った佐藤理史（1997）『アナロジーによる機械翻訳』から翻訳の定義を引用します。

> 翻訳とは、おおよそ、「ある言語のテキストを別の言語の等価なテキストに置き換えること」である。
> 　　　　　　　　　　　　　　　　　　　　　　　　　　（佐藤 1997: 2）

　なお、翻訳される元の言語を起点言語（Source Language）、翻訳する先の言語を目標言語（Target Language）と呼びます。英日翻訳なら、英語が起点言語、日本語が目標言語になります。

　さて、上記の引用における「等価な」ということばには、いくつかの意味が考えられます。

① 文法構造的等価性
② 意味的等価性
③ 機能・効果的等価性

　まず、①の「文法構造的等価性」と②の「意味的等価性」を考えます。

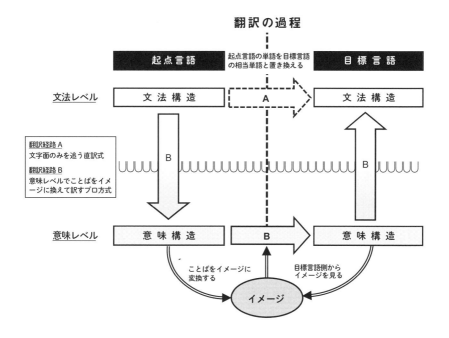

これを標題の例文に当てはめて考えていきましょう。

South America holds rich rewards for intrepid travelers.

翻訳の過程

まず、文法構造だけを見て直訳的に訳した場合と、意味構造をしっかりと見て英語の文法構造に引きずられずに訳した場合を比較します。

▶文法構造だけを見て訳した場合

　×南米は勇敢な旅行者のために豊かなほうびを持っている。

これが文法的等価性です。このように英語の文法構造に従ってそのまま訳

してしまうと、どうしても不自然な日本語になります。そこでいったいこの英文のいわんとするところは何なのか、その「意味」を考えます。つまり、1つ1つの語のイメージ（映像や感覚）を思い浮かべるのです。この文のrich rewards という表現は、金銭的な報酬ではなく、人が楽しむ、または何か得をする、という意味ですから、それを考慮に入れて訳文を修正してみましょう。

▶rich rewards の意味を熟考して修正した試訳
　勇敢な旅行者は南米を大いに楽しむことができる。

　これで少しは良くなりました。次に、intrepid travelers を考えます。「勇敢な旅行者」なのですが、これは「アマゾン探検隊」とか「遺跡発掘団」のように特定の人たちの集団ではなく、誰でもいいからとにかく勇敢に、または勇気を出して旅行をする人たちのことです。「勇敢な旅行者」としてしまうと、まるで「勇敢な旅行者団」というグループがあるような響きがありませんか。

▶intrepid travelers の意味を熟考して修正した試訳
　勇気を出して南米を旅行すれば、大いに楽しむことができる。

　これでほとんどできあがりです。細部を磨くと次の試訳ができます。

▶全体を見直して細部を調整した試訳
　○勇気を出して南米を冒険すれば、その醍醐味を味わうことができる。
　○南米は、勇気を出して冒険すれば堪能できる。

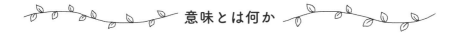

意味とは何か

　意味とはイメージであることが近年の研究でわかりはじめています。イメージとは、視覚イメージを含みますが、それだけではなく、運動イメージや、嗅覚、味覚、聴覚、触覚といったそのほかの感覚イメージも含みます。

　意味構造のレベルで起点言語から目標言語に変換するとき、起点言語のことばを「イメージ」に変えるという過程を経ると、目標言語の訳文作成が楽になります。これはどういうことかというと、たとえば実際に南米に行ってアマゾンで川下りなどをしている人の姿を思い浮かべるのです。アマゾン川だったら、昔の屋形船のようにお酒とご馳走を味わいながら優雅にというわけにはいかないでしょうから、それなりの勇気、冒険心が必要です。危険も伴うでしょう。でも、勇気を出して冒険してやろうという気になれば、危険はあってもそれなりの楽しいことが待ち構えているというのが原文の意味です。

　さて、このイメージを想像したら、今度はそれを目標言語（我々の場合は日本語）の側から見てみます。この時点では、すでに原文の意味は把握できているはずですから、頭の中を起点言語の英語から、目標言語の日本語の環境に切り替えます。新しい感覚をもって、日本語でこのイメージを説明するのです。訳しにくい原文に出会ったら、この「イメージ変換」を試してみてください。

　従来の意味観は、辞書的意味観と呼ばれるものでした。つまり、意味とは、「犬は動物である」といった類の、ごく一部の知識を記述した定義的なものでした。しかし、近年、脳神経科学の発展により、言語が実体験のように生き生きとしたイメージを脳内で活性化させることがわかってきました（鍋島弘治朗 2016『メタファーと身体性』）。

　認知言語学ではその語にまつわるイメージ、連想、物語、エピソード、情動、評価性など、語が喚起するあらゆる要素が語の意味を形成すると考えます。これは、百科事典的意味観とも呼ばれます。それぞれの語の百科事典的知識を組み合わせ、さらに発話の状況、社会的文脈（コンテクスト）、スタ

イルなどを考え合わせて、はじめて意味を理解したといえます。そして、イメージを含めた発話の状況と意図をしっかりと再現してはじめて優れた翻訳となります。

機能・効果の等価性

　最後に、機能・効果の等価性を標題の例を使って考えてみます。これが仮に旅行パンフレットの宣伝文句だったとします。そういうスタイルだったら、たとえば次のような翻訳も可能でしょう。

▶パンフレットというコンテクストを与えた際に可能となる訳例
　○南米は冒険の宝庫！

　パンフレットならばここまで変化をさせても大丈夫だと思います。簡潔で、響きがよく、興味を持たせる効果もあるよい訳ではないでしょうか。
　翻訳する際は、原文がどんなスタイルの文章なのか、どこで発表されるのか、どのような人々が読むのか、ということを考慮しなければなりません。たとえば、コンピュータのマニュアルと学術論文のスタイルはまったく異なりますし、同じ科学記事でも、専門雑誌に出る論文なのか、一般雑誌に出る読み物なのかでスタイルや翻訳の厳密さは異なってくるでしょう。専門雑誌なら厳密な言い回しに気をつけなければいけない一方、一般雑誌ならわかりやすさに心を砕かなければならないわけです。つまり、どんな人が読むことになるのか、読者の環境、知識、そして、ひとりひとりの顔を描くところまで想像力を働かせたいですね。
　さらに注意書き、広告、天気予報、タイトル、交通情報など、各分野の目標言語には、それぞれ一定の決まった単語、フレーズ、スタイルがありますから、それを使用しないと変な訳になります。次ページに、機能・効果まで含めた、深いレベルの翻訳を図示します。

深い翻訳の過程

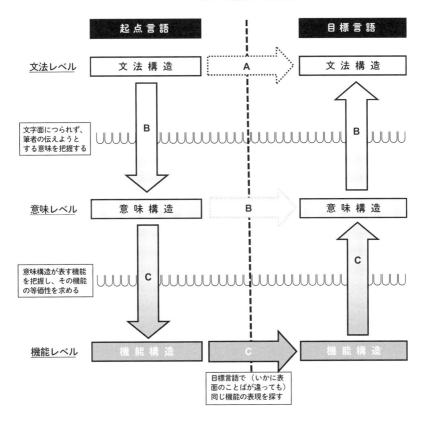

翻訳作業は、原文の文法構造に惑わされずに意味構造をつきとめ、その意味構造に対応する目標言語の表現を探すということです。そして、文脈（コンテクスト）、機能、効果といった要素にまで配慮して調整することです。言い換えれば、原文とその翻訳文が形・構造の上で非常に違ったものになっていても、意味が正しく伝わっていれば差し支えはないのです。翻訳者はこのことを一時たりとも忘れてはなりません。

練　習

1.　次の（1）〜（3）の翻訳例を見て、以下を検討してみましょう。

① 英日でどのような点が異なるか

② 良い翻訳かどうか

（1）I am crazy about bowling.　私はボウリングに夢中です。

（2）刑事の会話

A: Did you catch the culprits?

B: We will. A man and a woman who know the district well. Both of them in their late twenties.

A:「犯人はつかまったのかね。」

B:「すぐあがるでしょう。この土地に明るい男女 2 人連れ。2 人とも 27、8 というのですからね。」

（3）Surface must be clean, dry and free of grease.

取り付け面および、吸盤のほこり、油気、水気を良くふき取り、十分に乾かしてください。

ヒント：ワンポイント①［and による 3 つ以上の並列］参照。

2.　日本語と英語はどのように違うでしょうか。（1）〜（3）の結果を参考にして一般的に考えてみてください（自由回答）。

ハヤトくん

練習 1.(3) の文章ですが、どうして clean and dry and free of grease にならないんですか？

いいところに気づきましたね。英語は、3 つ以上を並列につなぐときにも、and や or は 1 つでいいんです。

クリケット先生

タバサちゃん

of grease はどこにかかりますか？

下を見てください。並列は、① clean　② dry と③ free of grease の 3 つですね。

○ Surface must be
　① clean
　② dry
　③ free of grease

× Surface must be
　① clean
　② dry　　of grease
　③ free

of grease を全部に分配しちゃうと、全部「油がない」という意味だけになっちゃいますからね。

クリケット先生

ちなみに、並列する各項目は、文法的に同じ形で意味的にも類似したものを使うことが多いと言えます。今回は形容詞という点で文法的に似ていて、「表面に付着物がない」という意味的共通性があります。

文法的見地からすると、and や or を使ってことばを正しく並列することは非常に重要です。演習や課題を翻訳する際に、常に注意してください。

マイケル先生

演 習

1. 街の中や日常生活から、日本語と英語が対になっているものを2つ探し、AからFの作業をしてください。

   A. その表現対を書きとめる。

   B. 採集場所を記述する。

   C. その対が日本語から英語に翻訳されたものなのか、またはその反対なのかを考える。

   D. Cの根拠（理由）をあげる。

   E. Cを前提に、よい翻訳かよくない翻訳かを考える。

   F. Eの根拠をあげる。

   採集例1

   A. a. 英：

   　　b. 日：

   B. 採集場所：

   C. どちらかに○　　英→日　または　日→英

   D. 　Cの根拠：

   E. 　どちらかに○　　よい翻訳　または　よくない翻訳

   F. Eの根拠：

採集例2

    A. a. 英：

        b. 日：

    B. 採集場所：

    C. どちらかに○   英→日   または   日→英

    D. Cの根拠：

    E. どちらかに○   よい翻訳   または   よくない翻訳

    F. Eの根拠：

2.   上で行った考察をもとにして、翻訳に関する日本語と英語の<u>一般的な相違</u>をいろいろ考え、いくつかを記述してください。

3.   上で行った考察をもとにして、優れた翻訳とは何かを考えて自分の意見を記述してください（自由回答）。

翻訳課題

Our Environment

さて、案ずるより産むが易し。さっそく、翻訳にチャレンジしてみましょう！
ヒント：筆者は自宅の一室を仕事場としているようです。

One of the reasons I live where I do is that often in the morning or in the late afternoon I can see some deer in the fields not far from where I work. What a delightful sight! But I am prepared for the fact that in the near future the pressure of population in my area will force the deer to move on. That will be a loss, but it will be offset by the good that the new residents in the area will enjoy from living in new homes and spacious surroundings.

Therefore, I can accept the disappearance of the deer from my front lawn, but if they were to disappear altogether, as many species might if natural living areas are not preserved, I would experience a great loss.

A good society does not require that the deer live on my lawn, but it does require that they live somewhere. The world, without animals and birds and fish and trees, would be a desolate place. We need them to keep us human.

（Michener, James A. *The Quality of Life.* J.B. LIPPINCOTT COMPANY, 1970, p. 89 を改変）

ワンポイント❷ パラグラフについて

ハヤトくん

課題の本文、文字がズレているところがあるのですが。

これはインデントといって、パラグラフ（段落）の変わり目を示しますよ。

クリケット先生

ハヤトくん

パラグラフってなんですか？

パラグラフ（段落）とは 1 文以上からなる意味のまとまりです。

クリケット先生

タバサちゃん

インデントってタブキーで動かすやつですよね。

はい、英語のインデントは 1〜6 文字分が普通ですね。（ただし、タイトルの後ろや、段落がスペースで区切られている場合は、インデントを行わないので要注意です。）

クリケット先生

ハヤトくん

日本語に訳すときもインデントは同じように入れたらいいですか？

日本語には日本語のルールがあります。段落の最初で、全角 1 文字分後ろに下げます（空白を入れます）。英語と違って常に同じルールです。

クリケット先生

ワンポイント❸　will の訳し方

will の入った文章を訳してみてください。There will be a bridge here. なんかはどうですか。

マイケル先生

ハヤトくん

「ここに橋ができるだろう」ですか。

日本の中学校や高校では、will をよく「だろう」や「でしょう」を使って訳すと習いますよね。でも、翻訳者は will の訳として「だろう」は基本的に使いません。「だろう」は推量を表しますが、will は確実な未来を表します。この場合、「ここに橋ができることになる」がいいですね。will の訳としては、次のような表現があります。

・I will be back soon. （すぐ戻ってくる）

　　　　　…意志を表す。和訳は現在形のまま使う。

・The hotel will be managed by Hilton. （当該ホテルは、ヒルトンによって管理されることになる）

マイケル先生

ワンポイント❹　as の訳し方

ハヤトくん

課題の第2段落の2行目ですが、as は、どうやって訳したらいいんでしょうか。

as には意味が多いです。接続詞としての as には、少なくとも次のような意味があります。①が本来の意味なのでしょうが、因果で使用される as がとても多いですよ！でも、今回の訳は…。

① 「〜のように」という類似

　（例）Do as I do. （私がやるようにやってください）

② 「〜につれて」という同時並行

　　（例）Those things get easier as time goes by. （そういうことは、時間がたつにつれて簡単になりますよ）

③ 「なので」という因果

　　（例）As I was small, I didn't know what to do. （私は小さかったので、どうしていいかわからなかった）

クリケット先生

第3章
代名詞

I told him that!
×私は彼にそれを言った
○あいつにそういってやったんだ

　人称代名詞 you を「あなた」、he/she/they をそれぞれ「彼、彼女、彼ら」と機械的に訳すのは、やむを得ない場合を除いてやめましょう。「えっ、どうして？」と思ったらよく考えてみてください。たとえば、日本人同士で「あなた」と呼ぶ場面はいったいどんな情景ですか。妻が夫を呼ぶ場合ならいいのですが、ビジネスミーティングの場合、子供同士の場合、先生と生徒の場合などは、いずれも「あなた」は使わないことがわかります。

> 代名詞の一般テクニック　代名詞はできるだけ隠す

　会話分析という研究分野では、日本語における一人称（「私」など）は、9割が省略されるというデータもあります。また、日本語において、一人称が、「私」「俺」「あたし」「僕」「うち」「わたくし」「拙者」「自分」「ワイ」など、多数の形を持つことは、よく知られています（金水敏 2003『ヴァーチャル日本語 役割語の謎』）。「私」は不必要に使わないように、また、一人称を使う際も、「私」より適切な形がないか、よく検討しましょう。

代名詞のテクニック①　「私」はできるだけ隠す

　「あなた」も同様です。状況の中で、誰に話しかけているかが明確な場面では、「それで最近どうなの」など、「あなた」といった二人称代名詞を使わないことがほとんどです。特に相手を指したい場合もありますが、その場合にも、「あなた」でよいのか、よく考える必要があります。それでは「あなた」の代わりに何を使うかというと、まず固有名詞です。日本人は会話の相手の名前を知っていたら、英語で you となるところにその人の名前（固有名詞）を使うのが普通であることからもわかります。「山田さん」「リナちゃん」「ケイ君」「田中博士」など。

　役割名詞を使うことも多いです。「先生」「教授」「お巡りさん」「社長」「部長」「専務」「課長」など。尊敬の意味を込めて目上の人を役割名詞で呼ぶことが多いようです。親族名詞もよく使用されますね。「おじさん」「おばさん」「お姉さん」「お嬢さん」。「僕はそこで何しているの」など、小さい子に向かって相手が使用する自称詞を対称詞として使うこともあります。

代名詞のテクニック②　「あなた」もできるだけ隠す

　「彼」「彼女」という日本語の人称代名詞についてですが、通常の日本語の会話では、この２つの代名詞がいかに使われないかの証拠を１つ、あげておきます。日本人とアメリカ人が、ある男性について英語でうわさ話をしているとします。日本人は、話している対象の人間が男性であることは自分では百も承知なのですが、代名詞を口にするときに、he の代わりについ she と言ってしまうことがあります。逆に、女性に関して話しているときは、その人のことを he と呼んでしまうのです。この現象はアメリカ人にとっては不思議なものです。どうして男と女を間違えるのだろうと思うのです。ところが、これは少しも不思議なことではなく、はっきりと説明できます。日本

人が他人に言及するときは、普通その人の名前やあだ名を使うか、または
「あの人」「あいつ」などのことばを使いますが、こういったことばはすべて
男女の区別がありません。したがって、こういった名詞に慣れている日本人
が男女をはっきり区別する英語の人称代名詞を使う段になると、母語からの
干渉が入って、ついつい取り違えてしまうのです。

代名詞のテクニック③　「彼」「彼女」は要注意

能ある翻訳者は代名詞を…

　すでに述べたように英語の代名詞の処理方法は「訳さない」ことです。つ
まり隠してしまうのです。日本語では、英語のように既出の名詞を代名詞で
受けるということがあまり起こりません。代名詞はわざわざ訳さなくても、
意味が十分通じるのであればそれでよいのです。

The Japanese are taught to believe that a truly talented man does not advertise
his talent; he knows people will recognize it without his flaunting it.

×日本人は、真に能力のある人は彼の能力を言いふらさないと教わる。彼は
　それを見せびらかさなくても人がそれを認めてくれることを知っている。

　この文は「能ある鷹は爪隠す」を説明した文ですが、his、he、it という
代名詞が何回か出てきます。これを上のようにいちいち「彼」「それ」と訳
したのではどうしても不自然です。次がプロ級の翻訳です。

○日本人が教わる教訓にこんなものがある。本当に能力のある人間は、自
　分に能力があるということを言いふらさないものだ。能力は見せびらか
　さなくても人はわかってくれる、ということを心得ているからだ。

まず his talent を「彼の能力」ではなく「自分に能力があるということ」としてあります。次の he と his は隠してあります。また his talent を指す代名詞 it が 2 回出ますが、最初の it には「それ」ではなく普通名詞の「能力」を使い、2 回目の it は隠してあります。代名詞をいちいちそのまま訳さなくても、意味は十分通じているのです。つまり、能ある翻訳者は代名詞を隠すということですね。

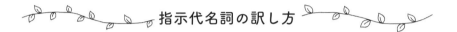

指示代名詞の訳し方

　今の例で、人称代名詞の他に it という指示代名詞も隠せることがわかりました。it 以外の指示代名詞 this、that、および its も、人称代名詞と同様に隠すことができます。一例として、that という指示代名詞を見てみましょう。

San Francisco's weather is much cooler than that in Los Angeles.
×サンフランシスコの気候はロサンゼルスのそれよりかなり涼しい。

　上の訳では、どうしても「それ」がひっかかります。昔は、英文解釈をするときに it や that を「それ」と訳していましたが、これはあくまでも「解釈」の手段として「それ」と訳していたのであって、翻訳のときに「それ」を使わなければならないという法はどこにもありません。それでは「それ」を抜いて訳してみましょう。

　○サンフランシスコの気候はロサンゼルスよりかなり涼しい。

　これでも意味は完全に通じるし、第一、この方が自然です。さらに「気候」も抜いて簡潔にしても、この場合は全く差し支えのないことが次の訳でわかります。

　○サンフランシスコはロサンゼルスよりかなり涼しい。

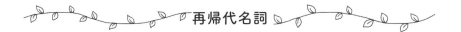

再帰代名詞

myself や yourself といった再帰代名詞も工夫することが可能です。

Everyone showed up for Harry's birthday party except Harry himself.
△ハリーの誕生日パーティーにはみんな来たが、ハリー自身は来なかった。

この訳はもちろん意味の通じる正しい訳ですが、次のように言い換えることもできます。

○ハリーの誕生日パーティーにはみんな来たが、当の本人は来なかった。

上のように、工夫した表現を使って訳すと日本語らしくなるわけです。

練習

次の英文を訳してみましょう。

1.　A:　I want to go to Tahiti.
　　B:　Sounds good, if you have time and money.

2.　 Katie doesn't like cheese. In fact, she has an allergy to all dairy products.
　　ヒント：in fact は「実は」よりも「というか」に近いです。

3.　Pamela's handwriting is much better than that of Pat.

次の英文を訳してみましょう。

1. A child will often refuse to follow his or her parents' instructions.

   ヒント：この will は Boys will be boys. という用例の will ですね。

2. Harry is such a liar. Every time he tells you something, he's always telling you a lie. Don't you ever believe him!

   ヒント：落とせる代名詞がたくさんありそうです。
   Don't you ever believe him! のニュアンスに注意。

3. Ernie, legend has it, had 13 telephones in his two-bedroom apartment.

   ヒント：カンマ（,）に関してはワンポイント①［カンマについて(1)］を参照。ところで、two-bedroom apartment っていうと日本のどんなアパートでしょうか。

4. *Kamikakushi* is a Japanese concept in which a child is said to have been hidden by the gods when he disappears.

   ヒント：イタリックに関してはワンポイント②［イタリックの使い方］を参照。

5. The team we played against in the finals was much better than us technique-wise in my opinion, but we managed to power through and win.

   ヒント：technique と power が対比されています。
   ところで、win はどうして過去形ではないのでしょうか？

6. The yellow copy goes to the accounting department, and the pink one is for the customer's records.

   ヒント：この copy は、コピー機の copy ではありません。
   accounting は経理。one は何の代用形？
   records は「記録」ですがもっといい訳語があります。

7. （テレビのコマーシャル。象が1頭、チョコレートのにおいを追ってはるばるアフリカ
   からアメリカにやってくる。モダンなビルの中に入り、エスカレーターで2階にあ
   がった象君は、ニューススタンドでチョコレートを見つけ、鼻でヒョイとつまむと、
   そのまませっさと帰ってしまう。これを見ていたニューススタンドの男性店員2人の
   会話）

Man #1: He didn't pay!
Man #2: They never do.

ヒント：びっくりした店員₁のHeという単数形と、わけ知り顔の店員₂のTheyと
　　　　いう複数形の対比に注目してください。また、didn't payという過去形と
　　　　never doという現在形の対比も同様の効果を持ちます。ユーモアが大事な
　　　　文脈です。自由回答で面白い作品をどうぞ！

ハヤトくん

演習 3. の [...], legend has it, のところは、切って、前に出して訳していいですか。

そうですね、このカンマはそれでいいですね。これは、挿入句といいます。挿入句の訳し方については 5 章のワンポイント② [挿入句の処理] にも説明があります。カンマにはいろんな意味があるので、注意して見てみましょう。カンマの他の使い方は 4 章のワンポイント② [カンマについて(2)] を見てください。

クリケット先生

タバサちゃん

演習 4. の *Kamikakushi* は文字が傾いていますが、タイプミスですか？

これはイタリック（斜体）ですね。イタリックには、次のような使い方があります。*kamikakushi* がイタリックになっているのは英語にとってこのことばが③の外国語だからですね。

①強調　　*That's* what I'm saying.

②書名　　Kazuo Ishiguro received the Man Booker
　　　　　Prize for *The Remains of the Day*.
　　　　　（カズオ・イシグロは、The Remains of the
　　　　　Day でブッカー賞を受賞した。）

③外国語　*Homo sapiens*（ホモ・サピエンス、ラテン語）

クリケット先生

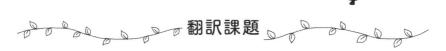

Learning, Chinese Style

　中国と西欧の教育観の違いに関する興味深い内容です。全文を読んで枠内のみを訳してください。the (key) slot は、ホテルのルームキーの返却口です。「返却口」という訳語に統一します。その他、見慣れない単語が出てくるかもしれませんが、英語圏ではみな日常生活で頻繁に使われる単語です。語彙を発達させる練習になりますから、しっかり辞書を引いてください。なお、because of his tender age ... のところは並列が関わっています。第 2 章のワンポイント①を思い出して、よく考えてみてください。また、He probably got as much pleasure... as... の訳し方は、5 章［比較級と最上級］の「as 〜 as を使った同等比較構文」を先に読んで参考にしてください。

<u>枠内のみを訳してください</u>

For a month in the spring of 1987, my wife Ellen and I lived in the bustling eastern Chinese city of Nanjing with our 1½-year-old son Benjamin while studying arts education in Chinese kindergartens and elementary schools. But one of the most telling lessons Ellen and I got in the difference between Chinese and American ideas of education came not in the classroom but in the lobby of the Jinling Hotel where we stayed in Nanjing.

The key to our room was attached to a large plastic block with the room number embossed on it. When leaving the hotel, a guest was encouraged to turn in the key, either by handing it to an attendant or by dropping it through a slot into a receptacle. Because the key slot was narrow and rectangular, the key had to be aligned carefully to fit snugly into the slot.

Benjamin loved to carry the key around, shaking it vigorously. He also liked to try to place it into the slot. Because of his tender age, lack of manual dexterity and incomplete understanding of the need to orient the key just so, he would usually fail. Benjamin was not bothered in the least. He probably got as much pleasure out of the sounds the key made as he did those few times when the key actually found its way into the slot.

Now both Ellen and I were perfectly happy to allow Benjamin to bang the key near the key slot. His exploratory behavior seemed harmless enough. But I soon observed an intriguing phenomenon. Any Chinese attendant nearby would come over to watch Benjamin and, noting his lack of initial success, attempt to intervene. He or she would hold onto Benjamin's hand and, gently but firmly, guide it directly toward the slot, reorient it as necessary, and help him to insert it. The "teacher" would then smile somewhat expectantly at Ellen or me, as if awaiting a thank you — and on occasion would frown slightly, as if to admonish the negligent parent.

I soon realized that this incident was directly relevant to our assigned tasks in China: to investigate the ways of early childhood education (especially in the arts), and to illuminate Chinese attitudes toward creativity. And so before long I began to incorporate this key-slot anecdote into my talks to Chinese educators.

(Gardner, Howard. "Learning Chinese style." *Psychology Today*, 23, 1989, pp. 54–56)

第4章
数量詞

Some Chinese like sushi.
×数人の中国人は寿司が好きだ。
○寿司が好きな中国人もいる。

　many books、some people、few children、little water など、「数量詞＋名詞」の形の名詞句は頻繁に出てきます。このような数量詞と名詞を「多くの本」「何人かの人たち」と訳すのはどうでしょうか。中学校のテストでならマルをもらえますが、プロの翻訳家としてはもうひとふんばりしたいところです。

 数量詞を文の述語として訳す

Some Chinese like sushi.
×数人の中国人は寿司が好きだ。

　これは正しい訳でしょうか。だいたい、この文では、何人くらいの中国人を想定しているのでしょうか。2～3人？ 4～5人？ だとしたらこの訳でよさそうです。しかし、ここで some に関する重要な事実を知る必要があります。some は、全体に対する割合を表す概念です。つまり、「総数の一部」を表す語が some であるということです。

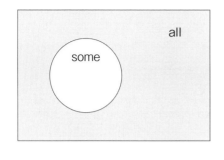

　図でわかるように、母数が大きければ some の数も大きくなります。中国の人口は 10 億人を超えていますから、1 億人や 2 億人くらいは簡単に some の範囲に入りますね。そうすると、「数人」という訳は意味の点から大きな誤りになります。

こんなとき、適切な訳があります。

○寿司が好きな中国人もいる。

こうすると、some の意味にぴったり合い、加えて、日本語らしい文になります。

　このほか、many、most、a few など、他の数量詞も、述語として使用することを試してみましょう。

Many Chinese like sushi.　　寿司が好きな中国人も多い。

Most Chinese like sushi.　　寿司が好きな中国人がほとんどだ。

A few Chinese like sushi.　　寿司が好きな中国人はわずかにいる。

　数量詞を後ろに持ってくる手法のメリットは、まず、日本語として自然なことです。次に、意味が適切になることです。

> 数量詞の一般テクニック　数量詞は後ろに持ってくる

　複合語的な数量詞や数字の場合にも、次の例に示すように後ろに持ってくることが可能です。

He has plenty of money, but doesn't have a lot of intelligence.
○金はたくさんあるが、あまり利口ではない。

30 students showed up at the meeting.
○会議に来た学生は 30 人だった。

　これらの例はすべて数量詞や数字を名詞の前に持ってこないで、述語的に、つまり文の最後部にまわして訳したものです。「幾人かの中国人は」や「たくさんのお金が（ある）」というように、英語の数量詞＋名詞の形をそのまま訳した場合と比べると、この方が滑らかであることに気がつきましたか。

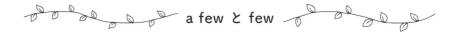

a few と few

　a few と few の使い分けについて、学校文法では次のように学んだのではないでしょうか。

There are a few people who can translate that poem.
ごくわずかの人がその詩を訳せる。
その詩を訳せる人はごくわずかにいる。

There are few people who can translate that poem.
その詩を訳せる人はほとんどいない。

　few の例では「数量詞＋名詞」の形をそのまま訳すことはできません。上の訳のように、述語の一部として訳すのが自然です。few people の代わりに no one を使っても訳し方は同じで、「その詩を訳せる人は誰もいない」となります。
　a few の例では、訳語を名詞の前におく方法と、後ろに持ってくる方法の両方が可能です。しかし、後ろに持ってくる方が自然に感じられます。
　ついでに、数量詞および加算名詞と不可算名詞について、ここで整理しておきますね。

	ほとんどない	わずかにある	少しある	多い
可算名詞 （eggs）	few	a few	some	many
不可算名詞 （milk）	little	a little		much

many と most は絶対に区別する

　さて、some が、「総数の一部」を指すことは述べました。では、many や most はどうでしょうか。most は、「ほとんど」ですから、8 割、9 割、場合によってはそれ以上という意味ですね。つまり、some と同様に総数を基準にしています。一方、some が総数の一部であるのに対し、most は「総数の大部分」を指します。

　これに対して、many は単に「多い」を意味します。

Many Americans are beginning to find Sumo tournaments interesting.
○相撲に興味を持ち始めているアメリカ人が多い。

　many は主観的なことばです。many Americans の意味は、全体から見た比率がどうのこうのという総量に相対的な数を示しているわけではありません。たとえば同じ 80 人でも、1000 人中 80 人が双子だとしたら many でしょうが、同じ 1000 人中、一人っ子が 80 人だとしたら、少なくとも現在の先進国では many とはいえないでしょう。「多い！」と感じられるかどうかは、我々の知識と主観に依存します。

> 数量詞のテクニック①　many と most は区別する

「〜の多く」は要注意

many を「多くの〜」とすると不自然になりやすいのはわかるが、「〜の多く」とするのはどうか、という意見もあります。前出の相撲の文にあてはめて考えてみましょう。

<u>Many</u> Americans are beginning to find Sumo tournaments interesting.
アメリカ人<u>の多く</u>が相撲に興味を持ち始めている。

これは一見正しい訳のようですが、意味の面で不適切です。「アメリカ人の多く」ですと、「アメリカ人のうちの大多数」という most の意味や、これに近い「過半数、半分以上」という意味にとられてしまう危険性が生じます。「多くの〜」と「〜の多く」の微妙な意味の違いの問題ですが、意味があいまいになるという点において、「〜の多く」は many の訳として使わないほうがよいでしょう。

「〜に過ぎない」「〜に満たない」「〜を超える」

以下の例のように、「〜に過ぎない」「〜に満たない」「〜にものぼる」「〜を超える」などを述語として使うことによって、訳を滑らかにすることができます。

<u>Fewer than</u> 30 students showed up at the meeting.
○会議に出席した学生は 30 人<u>に満たなかった</u>。

<u>Only</u> 30 students showed up at the meeting.
<u>As few as</u> 30 students showed up at the meeting.
○会議に出席した学生は 30 人<u>に過ぎなかった</u>。

As many as 30 students showed up at the meeting.
○会議に出席した学生は 30 人にものぼった。

More than 30 students showed up at the meeting.
○会議に出席した学生は 30 人を超えた。

「多くの」とか「少数の」や、「30 人に満たない学生が会議に出席した」のような訳し方をしてはいけない、とはいえません。実際、この訳し方しか使えない場合もあります。しかし、数量詞を見たら、まず上の例のように述語として訳すことを考えるべきです。述語にした方が無理のない訳文になる場合が多いからです。この原則を覚えて、数量詞の訳に選択の幅を拡げましょう。

数量詞のテクニック② 日本語らしい訳語パターンに当てはめる

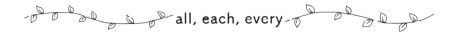

all, each, every

次に all という数量詞について考えましょう。「all + 名詞」という形の英語をすべて機械的に「すべての〜」と訳す習慣を持っている人はいませんか。たとえば以下の例を考えてみましょう。

all participants of the Olympic Games
△オリンピックのすべての参加者

(Exchange) all parts of the equipment
△装置のすべての部品（を交換する）

※「すべての装置の部品」とすると「すべての装置」の意味にもとれるので不適切

このように訳してもまあまあですが、いつでも「すべての」だけに頼らず、それぞれ次のように訳を変えて工夫すると、訳の質が上がります。

○オリンピック参加者<u>全員</u>
○装置の部品<u>全部</u>（を交換する）

　一般に、all ＋ 名詞の形式は「すべての N」（N ＝ 名詞、ワンポイント①
［品詞］参照）と訳す代わりに、all の部分を N の右側に持ってきて以下の
ように訳すことができます。each ＋ N や every ＋ N の場合も同様です。

原文の英語	日本語の訳例
all ＋ N every ＋ N	N 全員
	N 全部
	N 全体
	N の（は）すべて
	N はどれも
	N が（は）皆
each ＋ N	N に（は）それぞれ
	N に（は）1 つ（1 人）ずつ

　先ほど all、every、each などは名詞の後ろに持っていくことを強調しまし
たが、修飾される名詞によってはこの限りではありません。each の場合は
「各」を名詞の前に付け（「各人」「各部署」など）、また all の場合は「全」
を前に付けて（「全選手」「全部門」など）表現を簡潔にすることもできます。
　したがって、名詞を直接修飾している数量詞を名詞の後ろに持ってくる方
法は、どの場合にも当てはまるというわけではありませんが、考慮する価値
は十分にあります。

> **数量詞のテクニック③**
> all, each, every は名詞の後ろに持ってくる

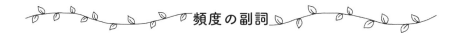

never（絶対に〜ない）、seldom（ほとんど〜ない）、rarely（まれに）、sometimes（時々）、often（よく）、frequently（頻繁に）、usually（通常）、always（いつも）などの頻度を表す副詞も、数量詞と同様、文の述部に置いて訳すと自然になる場合があります。

I sometimes wonder what it would have been like to be a stage actress.

　普通に訳すと→

　　時々、舞台女優だったらどんな感じだったろうかと思う。

　副詞を述部に移すと→

　　舞台女優だったらどんな感じだったろうかと思うときがある。

The word "often" is often pronounced with the "t" sound.

　普通に訳すと→

　　「often」ということばは、頻繁に "t" の音を入れて発音する。

　副詞を述部に移すと→

　　「often」ということばは "t" の音を入れて発音することがよくある。

「時がある」「ことがある」「場合がある」「時が多い」「ことがほとんどだ」「場合が通常だ」など、これらの頻度の副詞も後ろに回す選択肢を検討してみてください。

> 数量詞のテクニック④　　頻度の副詞も後ろに持ってくる

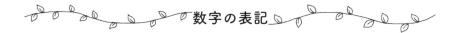
数字の表記には半角のアラビア数字（1, 2, 3...）を使用します。千、万、億といった大きい数字には漢数字も併用します。

100 people ……………………………… 100 人

1,000 people ……………………………… 1000 人、千人

10,000 people ……………………………… 1 万人

100,000 people ……………………………… 10 万人

1,000,000 people（1 million people）…… 100 万人

10,000,000 people ……………………………… 1000 万人、1 千万人

100,000,000 people ……………………………… 1 億人

1,000,000,000 people（1 billion people） 10 億人

15,800 people ……………………………… 1 万 5800 人、1 万 5 千 800 人

　数字を正しく訳すことは翻訳の基本です。たとえば、10 億円で販売するという契約書を 1 億円と誤訳してしまったらどうなるでしょうか？その会社に大損害を与えてしまいますね。絶対犯してはいけない誤りというのがあり、数字はその 1 つです。

練　習

次の英文を訳してみましょう。

1. a. Cincinnati has few good jazz radio stations.

   b. Cincinnati has a few good jazz radio stations.

2. I often wonder why he changed his mind.

3. Fortunately, not many students need this special attention.

名詞は英語では、Noun と呼ばれるので、N って呼ぶんですよ。動詞は Verb だから V なんですね。

The boy broke the beautiful vase in the garden.

の文を構成する品詞は以下のようになります。

boy, vase, garden が N （Noun, 名詞）
broke が V （Verb, 動詞）
in が P （Preposition, 前置詞）
beautiful が A （Adjective, 形容詞）

クリケット先生

演 習

次の英文を訳してみましょう。

1. Some blamed his manager, Herbert Muhammad, who had made millions with Ali.

　　ヒント：このカンマの使い方は何ですか？（ワンポイント②［カンマについて⑵］
　　　　　　を参照。）millions は複数形に注意！

2. Some people turn to excessive alcohol in later life in reaction to depression, grief, loneliness, boredom, or pain.

　　ヒント：何のためにどうなるのか、因果の方向を間違えないで。
　　　　　　or も and 同様、1つで複数の要素を結びます。

3. Most airlines seem to prefer to charge a small fee for stopovers nowadays.

　　ヒント：stopovers は、乗り継ぎの都市で1泊～数泊して観光などをすることですが、
　　　　　　専門用語ですのでストップオーバーと訳しましょうか。most と seem を落
　　　　　　とさないようにして、どのような順番になるかを考えましょう。

4. Sometimes I take the bus to work, and other times I drive.

ヒント：some と others に関してはワンポイント③〔some と others〕参照。

5. Many of these issues were highly political, some also highly controversial.

ヒント：many と some ではどっちが多い？
political と controversial では、どっちが重度？

6. It is true that there is a limited number of agreements between canoeists and landowners and other groups, but the navigable rivers cover less than 0.5% of the total length of rivers in Britain.

ヒント：難問です。① It is true that〜や may とくれば、but や however とくる「ひっくり返し」が譲歩の考え方です。つまり「〜は確かだ」といったん譲ってから、「しかし」と反対意見を述べます。② canoeists and landowners and other groups. とありますが、(canoeists) and (landowners and other groups)、それとも、(canoeists and landowners) and (other groups) でしょうか。③ It is true that there is a limited number を、「あるにはあるが」というニュアンスでとらえると、訳しやすいです。

7. Big-budget advertising is a relatively new industry. Even in the late 1880s fewer than a dozen advertisers spent as much as $100,000 a year.

ヒント：結局、この種の広告は多いのでしょうか、少ないのでしょうか。基調をよく考えてください。また、fewer than a dozen の訳し方が難しいですね。工夫が必要になります。通貨単位換算に関してワンポイント④〔単位と換算(1)〕を見てください。6章のワンポイント②〔単位と換算(2)〕も参照してください。

ワンポイント❷　カンマについて⑵

ハヤトくん

演習 1. の
Some blamed his manager, Herbert Muhammad,
が 3 章の挿入句のやり方だとうまく訳せません。

いいところに気づきましたね！カンマ（,）はいろいろなときに使われます。3 章のは③の挿入句、今回は、②の同格ですね！

① 節の区切り When Jack was young, he was short.

② 同格 John's brother, Jim, was in San Francisco.

③ 〜, ,〜 という挿入
I was, so to speak, at a loss as to what to do.

④ 関係代名詞の非制限用法
I met Ariana, who turned 22 that day.

⑤ 3 つ以上の並列
It benefits students socially, emotionally,
behaviorally, and academically.

クリケット先生

ワンポイント❸　some と others

以下の文章を訳してください。
Some people like *sushi* and other people like *tempura*.

マイケル先生

ハヤトくん

え、「何人か」はだめなんですよね。「寿司が好きな人もいるが、その他の人はてんぷらが好きだ」ですか？

残念です。以下の図を見てください。

マイケル先生

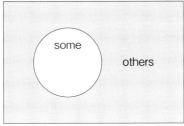

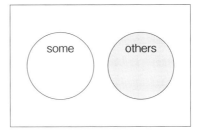

× some と others の誤った関係　　○　some と others の正しい関係

the other people と、the がつくと、左の図なのですが、今回は the がついていないので、右の図になります。

ここでは、「寿司が好きな人もいれば、てんぷらが好きな人もいる」。

一般に、「A する人もいれば B する人もいる」や「A することもあれば B することもある」といった形式の訳が適切です。

マイケル先生

ワンポイント❹　単位と換算(1)

タバサちゃん

演習 7. の $100,000 は、そのままでいいですか。円に換算した方がいいですか。

一般に単位の換算には、その 2 つのやり方がありますね。この場合は、1880 年代後半のレートですから、今のレートで換算しては変ですね。そのまま「10 万ドル」としてください。

クリケット先生

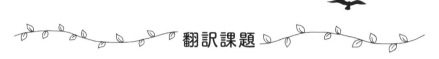

Water Scarcity

数量詞がたくさん登場するので、後ろに回すことを考えてください。

Water covers 70% of our planet, and it is easy to think that it will always be plentiful. However, freshwater — the stuff we drink, bathe in, irrigate our farm fields with — is incredibly rare. Only 3% of the world's water is fresh water, and two-thirds of that is tucked away in frozen glaciers or otherwise unavailable for our use.

As a result, some 1.1 billion people worldwide lack access to water, and a total of 2.7 billion find water scarce for at least one month of the year. Inadequate sanitation is also a problem for 2.4 billion people — they are exposed to diseases, such as cholera and typhoid fever, and other water-borne illnesses. Two million people, mostly children, die each year from diarrheal diseases alone.

Many of the water systems that keep ecosystems thriving and feed a growing human population have become stressed. Rivers, lakes, and aquifers are drying up or becoming too polluted to use. More than half the world's wetlands have disappeared. Agriculture consumes more water than any other source and wastes much of that through inefficiencies. Climate change is altering patterns of weather and water around the world, causing shortages and droughts in some areas and floods in others.

(World Wildlife Fund. "Water Scarcity, Overview."
www.worldwildlife.org/threats/water-scarcity. Accessed 14 February 2020.)

第5章
比較級と最上級

We need to have a deeper understanding of the issue.
×私たちは問題のより深い理解を持つ必要がある。
○問題の理解を深める必要がある。

　"His car is bigger than mine." を日本語に訳すとしたら、「彼の車は私の車より大きい」という学校文法の定型訳で問題ないでしょうが、英語の比較級にはこれよりはるかに複雑なものがたくさんあります。日本語には、英語のmore ... than に当たる文法構造がないため、比較級や最上級を訳すための定則というものがありません。したがって、原文の意味によく合う日本語表現をそのつど見つけていくしかないのですが、それでもルールめいたものがあるので、それを以下に説明します。比較級の訳には、翻訳者の力が現れるといっても過言ではないでしょう。

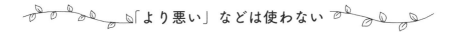 「より悪い」などは使わない

　「より速い」「より大きい」「よりきれいな」のように、比較の対象を指定しないで「より」を使うことはできるだけ避けましょう。特に、「より悪い」「より少ない」など、否定的表現に使うと不自然です。本来「より」は、品詞でいえば「は」や「が」などと同じ助詞です。助詞は、常に名詞の後に置いて機能する付属語、つまりそれ自体では独立して意味を持つことができないことばです。ですから「私より木下さんの方が背が高い」のように、比較の対象になる名詞の後に付けて使うのが自然です。

日本では明治の開国以来、欧米文書の中の比較級を翻訳する際に便利な「より＋形容詞」という形が、いわゆる「翻訳調」として使われてきました。以来、長く続いてきたこの「翻訳調」の影響下に育った我々は、翻訳調が普通と思い込んで、日常使っている自然な日本語表現があることを忘れてしまいがちです。次の2文がその例です。

Recently, <u>taller</u> buildings have been appearing in this neighborhood.
×最近この近所には、<u>より高い</u>建物ができている。

John is a good soccer player, but I am <u>better</u>.
×ジョンはよいサッカー選手だが、僕は<u>より上手だ</u>。

　この2文は、英語の比較級 taller と better を「より〜」としてしまった例です。翻訳者は多分、何も考えず機械的に訳したか、または英語では比較の対象がはっきり出ていないため、半分苦しまぎれに「より〜」にしたのでしょう。しかし、このような翻訳調の和訳はやめましょう。

比較級の一般テクニック　「より＋形容詞」の形式は使用しない

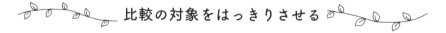

比較の対象をはっきりさせる

　では、どのように訳せばよいのでしょうか。まず、第1の原則は、比較の対象を明示することです。英語の比較級では、文字面に現れている、いないにかかわらず、AとBというはっきりした比較対象があります。何と何を比較しているかは大して問題ないという場合もありますが、一般的には、この比較対象をはっきりさせて訳すと意味が明確になります。最初の文の場合、現在完了形でわかるように、建物の高さの現在と以前の状態を比較しています。そこで、「前より」「以前に比べて」などの表現を補って訳します。

Recently, taller buildings have been appearing in this neighborhood.

×最近この近所には、より高い建物ができている。

○最近この近所には、前より高い建物ができている。

○最近この近所には、以前に比べて高い建物ができている。

2番目の用例では、文脈（ここでは前の文章）からわかるように、比較の対象はジョンです。

John is a good soccer player, but I am better.

×ジョンはよいサッカー選手だが、僕はより上手だ。

○ジョンはサッカーがうまいが、僕はジョンより上手だ。

(14章［「は」「が」構文］参照)

> 比較級のテクニック①　比較の対象を明示する

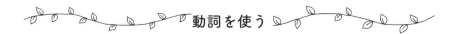

動詞を使う

I can type a lot faster than a year ago.
△私は1年前よりずっと速くタイプを打つことができる。

　この文は、比較の対象（1年前）もはっきりしているし、よい訳に思えます。しかし、上のように訳したら、プロとして失格です。日本語ではまずこういう言い方はしないからです。学校英語における比較級翻訳の定型「～のほうが～より～」は、いわば表層の文字面ですから、それに固執しないでください。ここで現在のタイプのスピードと1年前のスピードを比較していることをよく考えるとよい訳がでてきます。この場合には、動詞が使えます。具体的には、「1年前より速い」から発展させて、「1年前より速くなっ

た」や「スピードが上がった」と発想します。

　　○私はタイプのスピードが1年前よりずっと速くなった。
　　○この1年でずいぶんタイプのスピードが上がった。
　　○1年前と比べると、ずっと速くタイプを打てるようになった。

　これなら自然で意味も変わっていませんし、第一「翻訳臭」がありません。taller buildings の例をこの方法で訳してみれば以下のようになります。

　Recently, taller buildings have been appearing in this neighborhood.
　×最近この近所には、より高い建物ができている。
　○最近この近所にできる建物は 前より高くなった。
　○最近この近所にできる建物は 以前に比べて高くなった。

　ところで、この技術は、他者との比較には使用できません。

　John is a good soccer player, but I am better.
　○ジョンはサッカーがうまいが、僕はジョンより上手だ。
　×ジョンはサッカーがうまいが、僕はジョンより上手になった。

　×の文章は、「僕」は「以前ジョンより下手だったが、今はジョンよりうまくなった」ことを含意します。しかし、原文にそのような意味はありません。つまり、動詞を使うという技術は、以前との比較の場合にしか使用できないということです。

　　　　┌─────────────────────────────────┐
　　　　│ 比較級のテクニック②　以前との比較には動詞を使う │
　　　　└─────────────────────────────────┘

その他の比較級

さて、次の例はどうでしょう。

I weigh less than most people of my height.
△私はたいていの同身長の人より体重が少ない。

このように訳してもそれほどおかしくはない感じがしますが、ここでもやはりもう少し努力が必要です。下の訳の方が日本語表現としては一段上です。

〇私は身長のわりにはやせている。
〇私は同じ身長の人と比べるとやせているほうだ。

as 〜 as を使った同等比較構文

同等比較の場合、構造的に結構ややこしいものがあります。日本語では比較の対象にはとてもならないようなものが、英語では比較されてしまいます。次がその1例です。

（カナダのロッキー山脈中にある国立公園のリゾート地 Banff について）
It rained a lot while we were in Banff, but we enjoyed ourselves playing cards in our hotel room when it rained as much as we did when we actually went out hiking.

×バンフに滞在中は雨が続いたが、実際に外でハイキングした時と同じぐらい、雨が降った時にホテルの部屋でトランプ遊びを楽しんだ。

雨が降って部屋でトランプ遊びをしたときの楽しさの度合と、実際に外で
ハイキングをしたときの楽しさの度合を比べているわけですが、これを上の
ように学校文法で習う「～と同じくらい～」と訳してしまったら、いかにも
「翻訳しました」と言っているようなものです。ここは翻訳者の腕の見せど
ころです。バンフにはもちろんアウトドアのために行ったのでしょうから、
雨は降ってほしくないものです。ところが、予想に反して、室内で遊んでい
ても結構おもしろかったというのです。筆者のこの心境をとらえて訳すと、
次のようになります。下線部に注目してください。

○バンフに滞在中は雨が多かった。ところが、実際に外でハイキングをし
　たときはやはり楽しかったが、雨が降ってホテルの部屋でトランプをし
　ていたときも結構おもしろかった。

　次の文は PC のようにワードプロセッシング、大量データの転送などの複
雑操作をせず、Web アクセスだけを専門に行う、いわゆるウェブ・アプラ
イアンスについての記事の一部です。「A は B と同じぐらい数が多い」とせ
ずに以下のように意訳すれば、原文の意味を簡潔に伝えられます。

Because Web appliances is a relatively new industry, the vocabulary has yet to
be agreed upon, and it seems as if there are as many different definitions of
terms as there are vendors and analysts.

○ウェブ・アプライアンスは比較的新しい業種であるため、業界の中で用
　語の使い方がまだ統一されていない。用語の定義は、ベンダーやアナリ
　ストによってまちまちのようだ。

最上級も工夫の余地がかなりあります。

The Il-2 was built in greater numbers than any other warplane.
△ Il-2 型機は他のどの軍用機よりも多く作られた。

これは、形は比較級でも意味は最上級という例です。この訳もやはり物足りない感じがします。思い切って下の訳を使ったらどうでしょうか。

○ Il-2 型機<u>ほど</u>たくさん作られた軍用機は<u>他にない</u>。

原文と意味が合っているかどうかを調べると、確かに合っていることがわかります。次に、もう少し複雑な例をあげます。

The fastest train in the world couldn't go from Beijing to Hong Kong in one hour.
× 世界一速い列車は北京と香港の間を 1 時間で走ることはできない。

上の訳が不自然なのはすぐわかります。単純な最上級の文とは違うからです。この文章には仮定が含まれています。すなわち、「世界一速い列車」を「北京―香港間に走らせること」という仮定が、the fastest train in the world という主語に含まれているわけです。ですから couldn't は単純過去ではなく、仮定法過去、つまり、「現在の事実に反対」となります。さて、英語の原文の「世界一速い列車が北京と香港の間を走る」という仮定は、北京・香港間がいかに遠いかを強調するための表現です。この仮定法の意味を表に出して次のように訳すと、意味が正確で自然な訳ができます。

○どんなに速い列車が北京・香港間を走ったとしても、この区間を1時間
　で走ることはできない。
○世界一速い列車を北京・香港間に走らせたとしても、この区間を1時間
　で走ることはできない。

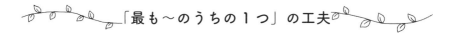

「最も〜のうちの1つ」の工夫

　また、最上級には one of the most ... という表現が頻出します。たとえば
次のような文です。

San Francisco is one of the most beautiful cities in the world.
△サンフランシスコは世界で最も美しい街の（うちの）1つだ。

　この表現には注意が必要です。まず、〈one of the 最上級 + 名詞〉というパ
ターンの中の名詞は、複数形でなければいけません。つまり、最上級は、
〈最高〉という意味を取り出しますが、最高のものが複数あることを意味し
ます。そこで、日本語の、「最も美しい」や「最も大きい」という〈最高〉
の意味とはニュアンスが大きく異なり、〈上位の〉という程度に格下げされ
ています。
　上の訳は英文解釈のレベルでは合格ですが、日本語表現としては「〜の1
つ」というところが気になりませんか。「最も美しい都市（the most beautiful
cities）」が複数あることになっていますが、これは日本語の「最も美しい」
というニュアンスと矛盾しています。日本語で「最も美しい」というのはど
うしても「最高に美しい唯一の」という単数の響きがあるからです。「最も
美しい都市」が複数あって、そのうちの1つがどうのこうの、という考え
は日本語に本来存在しない考えなのです。解決法としては、相対的に「非常
に美しい」ことを表現します。「非常に」美しい街は世界にいくつもある
が、サンフランシスコもその「非常に美しい」街のグループの一員として数

えられるということなら、日本語として素直に受け止められます。この考えはもちろん「美しい」という形容詞に限らず、基本的には「最も〜のうちの1つ」の類の最上級すべてに当てはまります。上の例の訳は次のように工夫するといいでしょう。

○サンフランシスコは世界有数の美しい街である。
○サンフランシスコは世界でも屈指の風光明媚な街である。

また、訳文の文型、すなわち文法構造を変えて次のように工夫することもできます。

○サンフランシスコの美しさは世界有数である。

最上級の一般テクニック　日本語らしい訳語に当てはめる

練　習

次の英文を訳してみましょう。

1.　I have a larger vocabulary than last year.

2.　Tony is a slow runner. I'm a lot faster.

3.　More and more people are interested in traveling to Africa.

次の英文を訳してみましょう。

1. The bill also applied firmer penalties.
   ヒント：also の意味はワンポイント①参照。この場合は文脈をよく考えてみましょう。

2. After I finished my work, I decided to get back to the Brigade HQ, thinking that it would probably be much quieter there.
   ヒント：the Brigade HQ (Brigade headquarters) の Brigade は軍隊の組織の単位で「旅団」。it would be というのは、it will be が間接話法的になっているからですね。quieter の比較対象は？

3. People appreciate you more than you know.

4. Environmentalists think that tourism creates as many problems as benefits.

5. She is more sensitive to cat hair than anyone else.
   ヒント：cat hair です！　cut hair ではありません！

6. Do more prisons — and more prisoners — really mean less crime?
   ヒント：変わった文章ですが、－　－を挿入句として（ ）でくくって、いったん外せば普通に読めます（ワンポイント②参照）。

7. Per capita income of Dalton, Texas is among the highest in the state at $24,773.
   ヒント：Per capita income は経済学の専門用語ですから調べてください。Dalton, Texas のカンマは初登場。NY, NY とか、Dallas, Texas などのカンマです。the state（the States ではない！）や among にも要注意。

タバサちゃん

演習 1. の also は訳すときにどこに入れたらいいですか。

どこにでも入るんですよ。下の例を見てください。文脈
から考えるんですよ（「penalties も」って訳したらいい
かな）。

I also love you.

a. 僕も君を愛してる。

b. 僕は君も愛してる。

c. 僕は君を愛してもいる。

c は少しわかりにくいですが、友達としても好きだし、
恋人として愛してもいる、といった意味でしょうか。

クリケット先生

ワンポイント❷　挿入句の処理

ハヤトくん

おっ、演習 6. では、違う形式の挿入句が来ましたね！

はい！挿入句は一般に様々な形式で登場します。挿入句
を取り出して訳したら、前に出す、後ろに入れる、（ ）
に入れるなど工夫してみてください。

クリケット先生

Alternative Work Arrangements

比較の対象に注意して枠内のみを訳してください。

alternative work arrangements は、直訳すれば「代替的就業措置」とでも言いたくなります。alternative とは、西洋医学に対する漢方のように、全く異なるアプローチを意味することがあります。ここでは alternative work arrangements を「新しい就業スタイル」で統一しましょう。枠の前に alternative work arrangements の具体例が出てきますので必読です。枠内 2 行目の have to は「しなければならない」ではなく、have と to の間が切れますので注意してください。Organizational flexibility で始まる文章の and が何をつないでいるのか、しっかり当てましょう。もちろん比較には本章で学んだ技術を忘れずに。

A flexible work schedule is the most common example of the alternative work arrangement and may take the form of a non-traditional daily schedule or a compressed workweek where the employee works a 40-hour week in fewer than 5 days. Telecommuting is the fastest growing type of alternative work especially for knowledge workers. Job sharing is increasingly popular with employees who want to work part-time.

The advantages the alternative work arrangements bring to employees are the added free time they get and the flexibility they have to accomplish their professional and personal responsibilities. Employees experience less stress and more personal satisfaction from their job. They experience a sense of healthy balance between work and family life.

For the employers, the advantages may be even more significant. Alternative work arrangements are highly valued by the average employee and therefore, those companies offering flexible work schedules are more successful at retaining and recruiting quality people. In addition, participating employees become more productive (estimated between 5% - 20% increase) and more loyal to the company. As employees work outside the office or during non-peak hours, operating costs can actually be reduced. Organizational flexibility actually increases such that the company can change and adapt at a quicker pace, build problem solving teams as needed and bring products to market faster. And finally, such programs can generally improve the bottom line through reduced absenteeism and turnover rates while increasing productivity.

出版翻訳家になりたい人に

中井はるの（翻訳家・作家）

まず、私がどのようにして翻訳家になったのかから書きましょう。現在は児童書の翻訳家として仕事をしていますが、ここに至るまで紆余曲折がありました。最初は、大学でディベートをやっていた関係から同時通訳者に憧れ、あらゆる通訳学校に通いました。その時は社会経験がないので同時通訳者になるのは難しいと思い、銀行に勤めました。転機が訪れたのはテレビ局での翻訳・通訳者の募集に合格したことでした。3年ほどやってみましたが、どうもしっくりきません。大学の恩師の紹介でディズニー関係の通訳などもやってみましたが、鳴かず飛ばずでした。わたしは通訳に向いていないと気づきました。

その後子どもの誕生をきっかけに映像翻訳の仕事をしながら児童書を再読するようになり、児童書の翻訳をやりたいと思うようになりました。学校に通うのは無理だったのでオンラインの児童書の勉強会（やまねこ翻訳クラブ）に入りました。その後、絵本作家のアシスタント、絵本教室運営などを通じて出版社と仕事をするようになり、共訳や下訳の仕事から2年目ぐらいで翻訳書を出しました。それが『たいせつな友だち』と『グレッグのダメ日記』です。

現在、出版業界の翻訳書の点数は減少し、英語の翻訳者の競争も激しいため、生活するという点では、厳しい面がたくさんあります。そのわりに児童書の売り上げが良いので児童書に進出する出版社が増えてきています。

ただ言っておきましょう。1冊出しても大抵の児童書は初版部数が少ないので、収入の期待はできません。それでも続けたいのならば、それなりの覚悟をしてください。

さて、翻訳家になりたい人にアドバイス。翻訳者になりたい人は、どんな分野であれ、その分野について誰よりも勉強して専門家になってください。

児童書も、児童書を読んでいない人がその分野の翻訳家になれるわけがありません。また、世界で起きていることについての常識を備えてください。ニュースなど知識を蓄えてください。どの本も、時代の影響を受けているからです。基礎知識のガイドブックはたくさんありますから、できるだけひととおり読んでください。もらった仕事の納期を厳格に守り、フィードバックをもらい、次からはミスをしないようにすることです。

最後に出版翻訳全般に触れます。ビジネス書については、流行があるので急ぎで出すことが多いです。翻訳が正確で、速い人が重宝されます。映画関連書籍もそうです。文芸書は、大抵は訳したのち1年以内で出版されます。リーディングの仕事（原著の粗筋執筆や内容紹介など）から翻訳の仕事をもらう人が多いようです。一方で翻訳者は、絶対に売れるだろうという本の企画書を作って出版社に売り込みも行います。出版すると決まれば、初稿を出し、やりとりをして本が出るという流れになります。翻訳の仲介業者を通じて仕事をする人もいます。翻訳者の仕事はとても地味でリサーチも半端ありません。好きこそものの上手なれです。翻訳家になりたいみなさん、頑張ってください。

なかいはるの…東京都在住。『木の葉のホームワーク』（講談社）で第60回産経児童出版文化賞翻訳作品賞受賞。他に『グレッグのダメ日記』シリーズ（ポプラ社）『ワンダー』（ほるぷ出版）など。

第6章
無生物主語 I

Yesterday's hurricane killed 20 people.
×昨日のハリケーンが 20 人を殺した。
○昨日のハリケーンで 20 人が死んだ。

　日英を中心とした対照言語学の枠組みを提示した池上嘉彦（1981）『「する」と「なる」の言語学』の一節では、日本の大学ではじめて言語学の講座を担当したチェインバレンの論が紹介されています。

　　たとえば、日本語では『熱気ガ私ヲダルク感ジサセル（The heat makes me feel languid.）』『絶望ガ彼ヲ自殺ヘ追イヤッタ（Despair drove him to commit suicide.）』などといった表現は許されない。『熱イノデ私ハ身体ガダルイ』とか『希望ヲ失ッテ彼ハ命ヲ断ッタ』などと言わねばならないのである。　　　　　　　　　　　　　　　　　　　　（池上 1981: 206）

　つまり、以下の英語の訳として、2 つ目の訳でないと日本語では奇妙だと指摘しているわけです。

The heat makes me feel languid.
×熱気が私をだるく感じさせる。
○暑いので私は体がだるい。

Despair drove him to commit suicide.
×絶望が彼を自殺へ追いやった。
○希望を失って彼は命を絶った。

　1つ目の文章が不可能なことをチェインバレンは「日本語のこのような欠陥」（同 206）と呼んでいます。これらの文章の特徴は、「熱気」や「絶望」といった人間や生物でない名詞が、「感じさせる」や「追いやる」という行為動詞の主語となっている点です。こういった主語および文章を本書では、「無生物主語」「無生物主語構文」と呼びます。

　チェインバレンよりやや遅れて、東京大学で教鞭を執った夏目漱石は、無生物主語に対して「態とらしく気取りたるに顔る不快を感じ」と述べたそうです（同 205）。評価の差はありますが、1つ目の文章が日本語として奇妙であるという点で両者の判断は一致しています。

　皆さんの語感はどうでしょうか。どちらの文章が好きか、どちらの文章が印象的か、という判断はそれぞれでしょうが、どちらが日本語らしいかというと、後者になるのではないでしょうか。

　さて、それでは、このような無生物主語をどのように翻訳するか、その技術を図式的に表してみましょう。

無生物主語を訳すときの 3 つのルール

　無生物主語構文を訳す際は、⑴副詞句・節の作成、⑵新主語の確立、⑶動詞の処理、という 3 つの作業が必要になります。これを標題の文章を使って図式化したものが、次ページの図です。

　この例では、Yesterday's hurricane という無生物主語が「〜で」という原因を表す副詞句（日本語文法でいう連用修飾句）になっています。これに加えて、「20 人が」という新しい主語が生まれました。また動詞は killed という他動詞（「殺した」）からこの新主語に対応する自動詞（「死んだ」「亡く

なった」）に変わっています。

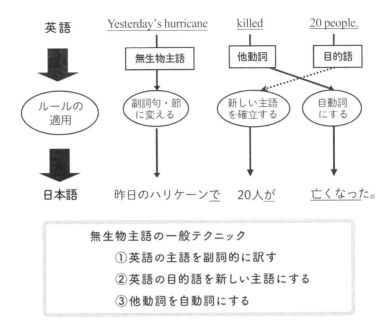

無生物主語の一般テクニック
①英語の主語を副詞的に訳す
②英語の目的語を新しい主語にする
③他動詞を自動詞にする

この3点すべてを確認する必要があります。セットで覚えてしまいましょう。

英語の無生物主語は日本語の主語になりにくい

ここから、別の例をあげて、無生物主語構文の技術の要点を解説します。無生物主語構文では、人間や動物以外のもの（物体、抽象名詞など）が文の主語（動作の主体）になっています。英語ではこの構文は自然なもので、頻繁に現われます。次にあげる文は皆、無生物が主語になっています。

The new technology increased the output.
Bad weather prevented the group from going camping.
This cable car will take you downtown.

上の英文の無生物主語を日本語でもそのまま主語として忠実に訳すと、次のようになります。

　×新技術が生産高を増やした。
　×悪天候が、グループがキャンプに行くことを妨げた。
　×このケーブルカーがあなたをダウンタウンに連れて行きます。

　原文に忠実なのはいいのですが、いくら文法的に正しいとはいえ、これでは辞書に載っていることばをそのまま使っただけで、日本語としては非常に不自然であることがわかります。従来、日本語では無生物が主語になって行為を「する」のはまれだからです。主語（S）＋他動詞（V）＋目的語（O）というのが無生物主語構文の典型的な形で、上の例文はいずれもこの形をとっています。ですから無生物主語の技術を使えばよいのですが、それぞれに訳を少しずつ調節する必要があります。

英語の主語を日本語で副詞的に訳す

　先の日本語の不自然さを回避するためには、意味を変えない範囲で日本語の構文を変えます。まず、英語の無生物主語を副詞的に訳します。すなわち、英語の主語を「〜は」「〜が」を使ってそのまま日本語の主語にしないで、「で」などを使って主語から外してやります。上の例文で試してみると次のようになります。

新技術で生産高が増えた。（理由の副詞句）
新技術のおかげで生産高が増えた。（受益の副詞句）
悪天候のため、グループはキャンプに行けなくなった。（原因の副詞句）
悪天候のせいで、グループはキャンプに行けなくなった。（被害の副詞句）
このケーブルカーに乗ればダウンタウンに行けます。（条件の副詞節）
このケーブルカーに乗ってダウンタウンに行きます。（手段の副詞節）

上の例文でわかるように、英語の無生物主語は、文中での意味という観点から考えると理由、原因をはじめ、数々の役割を担えます。訳すときは、次の表のように意味に応じた副詞句または副詞節に変換すると自然になります。

英語	→	日本語		
			意味	訳語の例
無生物主語	→	副詞句副詞節	原因、理由	〜のために、〜によって、〜がきっかけとなって、〜が原因となって、〜なので
			受益（理由の一種）	〜のおかげで
			被害（理由の一種）	〜のせいで
			条件	〜すると、〜すれば
			手段	〜を使って、〜（工具など）で

　先ほどの訳を見ていてもう1つ気づくことがあります。this cable car の文には「乗る」に対応する英語の動詞は出てきませんが、訳では副詞節を作るために補足してあります。このように、無生物主語を副詞的に訳す際は、適切な動詞の補足が必要になることもあります（8章［名詞句］を参照）。

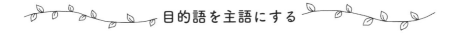

目的語を主語にする

　先ほどの例では、output、the group、you がそれぞれ目的語になっています。

The new technology increased <u>the output</u>.
Bad weather prevented <u>the group</u> from going camping.
This cable car will take <u>you</u> downtown.

主語を副詞的に訳した後には、新しい主語が必要になりますから、英文の目的語が日本語の新しい主語になります。

　新技術のおかげで<u>生産高が増えた</u>。
　悪天候のため、<u>グループはキャンプに行けなくなった</u>。
　このケーブルカーに乗れば（<u>あなたたちは</u>）ダウンタウンに行けます。

　this cable car の例では、主語が you（あなたたち）になりますので、3 章［代名詞］で習得した技術に従って「あなた」や「あなたたち」を隠します。

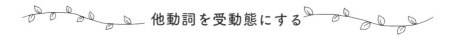 他動詞を受動態にする

　the new technology の例では自動詞的表現を使用しています（ワンポイント①［他動詞と自動詞］参照）。

　□が△を増やした　→　△が増えた

　this cable car の例では、以下のような発想で自動詞化しています。

　□が△をダウンタウンに連れていく　→　△がダウンタウンに行く

　他動詞に対応する自動詞がない場合もあります。「キャンプに行くのを妨げた」の「妨げる」の自動詞は存在しません。このような場合に、受身形（受動態）にする方法があります。ここでは、「妨げられた」とまず考えます。

　□が△を妨げる　→　△が妨げられる

この例では、「妨げられた」から「行けなくなった」という訳を導出しています（13 章［肯定表現と否定表現］参照）。

無生物主語のテクニック① 自動詞がなければ受動態を使う

受動態を使う方法はコンピュータマニュアルなどで特に効果があります。動作の主語がたいして重要でなく、隠してもまったく差し支えない場合です。

（ソフトウェアの操作方法に関して）
If you press F1, the screen will display the options.
△ F1 を押すと、画面がオプションを表示します。

上の原文では the screen が無生物主語ですが、このように訳してしまってはやや不自然です。最近はこの直訳的表現が日本語にも入ってきているため、一見自然な表現のように思えるかもしれません。しかし、よく読むと、無生物の「画面」が表示という作業をする、というのはやはり不自然です。文を受動態にして主語を隠してみると次のようになります。

○ F1 を押すと、オプションが表示されます。

もちろん、「画面によってオプションが表示されます」と、以前の主語を副詞的に訳してもいいのですが、この場合、「画面によって」がなくても意味がわかる自然な文になっています。誰や何によって表示されるか、といえば「画面によって」なのですが、別にそれは当たり前のことで、「画面によって」をつけると、日本語ではかえって冗長の感があります。

「〜により」「〜によって」は慎重に

　副詞的な表現として「〜により」「〜によって」がありますが、この2つの表現を使うときは注意が必要です。なぜかというと、この2つは非常に使用範囲が広い表現で、さまざまな文脈で使えますが、その反面、意味があいまいになりがちだからです。たとえば「新税法の制定により、課税控除額が減る」という文は、「新税法が制定されたら」（条件）、「新税法が制定されたため」（原因）の両方の意味にとれます。翻訳者は英文を見れば正しい意味がわかりますが、日本語しか読んでいない読者にとっては意味があいまいになってしまいます。もちろん、読者は文脈で判断して正しい意味を推測できることもありますが、なるべく推測するという負担を読者にかけずに意味を伝えるのが産業翻訳者の使命です。「〜により」「〜によって」を使おうと思ったときは、まずその代わりに動詞を用いること、または原因、条件などの意味をはっきり表す表現を使ってあいまいさを回避することを考えましょう。

練　習

次の英文を訳してみましょう。

1.　Computer graphics have made computers easier to use.

2.　The event led to the great revolution.

3.　This forum will allow Ph.D. students to present their papers.

目的語（「を」を伴った名詞句）を取るものが他動詞、目的語を取らないものが自動詞です。多くの場合に、自動詞と他動詞はペアになります。

他動詞 ── 自動詞

| 落とす ── 落ちる |　| 曲げる ── 曲がる |

本書では使役動詞と自動詞のペアもこれに準ずると考えます。

| 走らせる ── 走る |　| 卒業させる ── 卒業する |

「する」と「なる」がこのペアと同列になる場合もあります。

| 医者にする ── 医者になる |

すでに述べたように、対応する自動詞がない場合、受身形がこれに当たることもあります。

| 叩く ── 叩かれる |

語形がまったく異なる場合もあります。

| 殺す ── 死ぬ |

本書では自動詞、他動詞という用語をこのような広いグループの名称として使用します。

クリケット先生

演 習

次の英文を訳してみましょう。

1. This feature lets the users see in 3D the object they have drawn.
   ヒント：see の目的語はどれ？どうしてそうなっている？

2. The terrible weather prevented us from going to the remote lake.

3. The March 1945 firebombing of Tokyo killed 72,489 people.
   ヒント：the firebombing of Tokyo には定訳がありますね。

4. What made Japan join the fast-food nations?

5. Basic seismological research concentrates on better understanding the origin
   and propagation of earthquakes and the internal structure of the earth.
   ヒント：and が 2 つ来ていますから骨格（文法構造）に注意！
   　　　　concentrate の訳語に「集中」は使わないで工夫してください。

6. The bone shape of the first dinosaurs studied indicates that these animals
   were large, land-dwelling reptiles.
   ヒント：first は dinosaurs にかかる？ dinosaurs studied にかかる？

7. （工場で機械と機械の間にある通路の幅を計って報告したときの発話）
   The 20'width will permit safe passage of workers.
   ヒント：（　）の説明からよく状況を思い浮かべてください。最初の the がポイントで
   　　　　すね。a だったら「〜あれば」という訳に傾くのですが。長さの場合、10' は
   　　　　10 フィート、10" は 10 インチです（ワンポイント②［単位と換算］参照）。

タバサちゃん

アメリカの長さや重さの単位って面倒ですね。

ヤード・ポンド法ですね。そうですね。覚えるしかない
ですね。以下にリストを挙げておきます。

クリケット先生

インチ	(inch)	in.		2.54 cm
フィート	(foot, feet)	ft.	12 インチ	30.48 cm
ヤード	(yard)	yd.	3 フィート	0.9144 m
マイル	(mile)	mi.	1760 ヤード	1.609344 km
オンス	(ounce)	oz.		28.35 g
ポンド*	(pound)	lb.	16 オンス	453.59237 g

＊ ポンド（pound）には重さの単位と英国通貨の単位がありますから
　注意してください。

訳し方は 3 択です。

① 　そのままの単位を出す。 　（例）1 フィート

② 　「約」などを入れて日本の単位に変更する。
　　（例）約 30cm

③ 　併記する。 　（例）1 フィート（約 30cm）

専門雑誌なのか、小説なのか、一般解説書なのかといっ
た文脈をよく考えて検討してください。

クリケット先生

翻訳課題

The Ozone Issue

　最初の文章が一番難しいので、全文を読んで内容をよく理解してから、最初の文章を訳してもいいと思います。Atmospheric〜の文はワンポイント③を参照してください。

Current anxiety about depletion of stratospheric ozone stems from the expected resulting increase in biologically damaging ultraviolet (UV) radiation at Earth's surface. Atmospheric ozone absorbs sunlight with wavelengths shorter than 320 nm. But surprisingly, despite firm evidence the ozone layer is being eroded by chlorine and bromine from man-made compounds, very little information exists on how UV light intensity is changing. Solid data from Antarctica reveal that UV radiation soars under the ozone hole. But elsewhere on the globe, where ozone has been thinning at a rate of a few percent per decade, the corresponding trends in UV intensity are not at all clear.

depletion：（減少、枯渇、消耗、減耗、）破壊
stratospheric ozone：オゾン層
320 nm：320 ナノメートル
chlorine：塩素
bromine：臭素

（Zurer, Pamela S. "Researchers Lack Data on Trends In UV Radiation at Earth's Surface"
Chemical & Engineering News, vol. 71, no. 30, 1993, p. 35.）

統語（シンタクス、syntax）とは、語の可能な組み合わせに関するルールです。統語構造の違いが意味の違いを生じさせることはよく知られています。Atmospheric ozone 〜で始まる文章は、次の文と同じ統語的なあいまい性を持っています。

(1) The girl saw the boy with a telescope

少女は<u>望遠鏡をもった</u>少年を見た

(2) The girl saw the boy with a telescope.

少女は<u>望遠鏡で</u>少年を見た

つまり、(1)の統語では、with a telescope が前の名詞句 the boy を修飾しているのに対し、(2)の統語では、saw (the boy) という動詞（句）を修飾しているわけです。

さて、Atmospheric ozone 〜の文章は、(1)と(2)のどちらの構造でしょうか。言い換えれば、with 以下は、sunlight にかかるのでしょうか、absorbs にかかるのでしょうか。光の特性などの物理の知識も駆使して意味をよく考えて訳してください。

寄り添うことの大切さ

小宮 由（翻訳家）

「外国の家に日本人が住めるよう、最低限リフォームすること」石井桃子先生は、生前、翻訳について、そうおっしゃっていました。この言葉を聞いたのは、私がまだ子どもの本の編集者だったころですが、翻訳家になって、改めて自分自身にこれを問うてみると、翻訳とは、特に子どもの本の翻訳とは「寄り添うこと」とも言えるのではないかと思います。

寄り添う対象は、ふたつあって、一つは、原作者や原文に寄り添うことです。原作者の作り出した世界観を受け止め、登場人物に感情移入しながら、心情はもちろんのこと、作品の根底に敷かれた信念や、思想などを感じ取るのです。

そのために私は、まず原作者について調べます。いつ、どこで生まれ、どのような環境で育ち、どういった経緯で作家になったのか。また、その国の歴史や文化、紛争なども頭に入れておきます。すると、原文には直接出てこなくても、行間からいろいろなものが滲み出てきて、まれに、原作者と、どこか深いところでつながったような感覚がし、涙することもあります。

もう一つは、読者、すわなち、子どもに寄り添うことです。先の原作者や原文に寄り添って感じ取ったものを、その本を聞くであろう子どもをイメージし、その子たちに理解できる日本語に置き換えるのです。しかし、ひとくくりに「子ども」と言っても、おなじ子どもは、ふたりといません。年齢や個性、家庭環境などによって、発達過程はそれぞれ異なり、理解できる言葉や表現は一様ではないのです。

そういった読者対象へ、作品ごとにぴったりな日本語を選ぶためには、やはり子どもについても調べなければなりません。保育士の『保育所保育指針』などで解説される子どもの発達過程についてや、さまざまな児童文学の評論集などから、理論的に子どもの生態を学び、また、私が主宰している家庭文庫では、これまで15年間、毎週多くの子どもたちと触れ合いながら、実践的にその生態を学びつづけています。

そして、私が編集者のころに、日本における子どもの本の礎を築いてこられた先生方と仕事をしてきて、翻訳で何より大切だと感じたのは「日本語力」と「感性」です。

日本語は、他の言語と比べると、表現の幅が広くて繊細です。ですから外国語以上に豊かな日本語、特に子どもの本の場合、美しく正しい日本語を熟知していなければなりません。

また、感性が豊かでないと、そもそも原作者や読者の心に寄り添うことができません。その子どもの本における感性とは「自分の中の子ども」です。おとなでありながら、いかに自分の中の子どもを活き活きと保てるかが大切なのです。

編集者から翻訳家となった私ですが、振り返ってみると、幼少期から子どもの本の古典に親しみ、おとなになってからも、身近な子どもたちと触れ合っているからこそ「日本語力」と「感性」が磨かれ、翻訳を生業にできているのかもしれません。

こみや ゆう…児童書出版社勤務後、絵本・児童書の翻訳に携わる。東京・阿佐ヶ谷で家庭文庫「このあの文庫」主宰。祖父は、トルストイ文学の翻訳家 北御門二郎。

第7章
無生物主語 II

The new technology enabled videoconferencing.
×新技術はテレビ会議を可能にした。
○新技術によってテレビ会議が可能になった。

　前章では、無生物主語の処理を学びました。本書の中心となる重要な技術なので、再び、無生物主語についてその特徴やよく使われる動詞など、詳細を検討してみましょう。

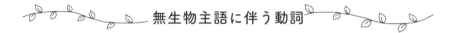
無生物主語に伴う動詞

　英語では無生物をあたかも人間であるかのように扱うため、無生物主語の「動作」を表す動詞は人間の動作を表す動詞と同じように無制限にあります。ただ、その中でも典型的な動詞があります。以下に、無生物主語構文で頻繁に使われる動詞の例を集めました。見慣れない単語があったらこの際に暗記して、語彙を増やしておきましょう。

原因・結果の動詞	cause, make, result in, result from, bring about
誘導の動詞	elicit, lead to, evoke, attract, lure
援助の動詞	help, enable, let, encourage, discourage, stimulate
許可の動詞	let, allow, permit
強制・要請の動詞	force, compel, oblige, drive, make, demand, urge, ask
妨害の動詞	prevent, keep, stop
禁止の動詞	prohibit, forbid, ban
決定要因の動詞	determine, define, clarify, dictate, tell
感情の動詞	surprise, depress, excite, encourage, discourage, refresh

英語の無生物主語を処理する際、日本語では無生物主語に呼応する動詞にも気を配る必要があります。例として、上の表にある誘導の動詞 attract と援助の動詞 stimulate が使われている文を次にあげます。

The growth of the motion-picture and television industries in the 20th century attracted many actors to California and stimulated the growth of legitimate theater.

×20世紀になって映画・テレビ産業が発展したため、カリフォルニアに俳優たちを大勢集め、また正劇の発展を刺激した。

さらっと読むとよさそうな気がしますね。でも、この訳で問題になるのは「俳優たちを集め」と「正劇の発展を刺激した」の部分です。原文の無生物主語 the growth of the motion-picture and television industries を「映画・テレビ産業の発展は〜」とせず、副詞的に「〜が発展したため」としたところまではいいのですが、この無生物主語に対応する2つの動詞 attracted と stimulated の訳し方が不自然です。どうして不自然なのかを説明します。カリフォルニアに俳優たちを大勢「集める」、また正劇の発展を「刺激する」という動作を実行した動作主は、英語では the growth（「発展」）ですが、日本語ではこの主語をすでに「発展したため」という副詞節に変換しています。

すなわち、この時点で原文の主語がなくなっているわけです。「発展（すること）」はもはや主語ではありません。すると訳文の後半の「カリフォルニアに俳優たちを大勢集め、また正劇の発展を刺激した」のは誰かということになります。主語なしの文になっているのです。そこで新しい主語を打ち立てる必要が出てくるわけですが、その方法として「集める」「刺激する」という他動詞を自動詞に変えることを考えます。「集める」の自動詞は「集まる」です。「刺激する」の場合は自動詞がないため、それに準ずる表現を探して「刺激を受ける」とでもしましょうか。

こうすると、訳も自然に「俳優たちが集まり」「正劇の発展が刺激を受けた」となり、新しい主語が生まれてきます。最後に、「正劇の発展が刺激を受ける」という文も実際に起こったことに関する知識があれば、少々工夫して「正劇が勢いよく発展した」とできます。まとめると次のようになります。

○ 20世紀になって映画・テレビ産業が発展したため、俳優たちがカリフォルニアに大勢集まり、また正劇も勢いよく発展した。

前章で学んだ無生物主語の処理は、3つの手順がセットになっていますので、必ず忘れないようにしましょう。短い文だと気が付いても、長い文になったときに忘れることがよくあるので注意が必要です。重要なことなので再掲しておきますね。

> **無生物主語の一般テクニック**
> ①英語の主語を副詞的に訳す
> ②英語の目的語を新しい主語にする
> ③他動詞を自動詞にする

自動詞の無生物主語

　さて、本章の最初に示した表にある動詞を考察してみると、すべて行為を表す他動詞であることがわかります。状態を示す動詞（be 動詞、seem、appear、be located、be situated など）、自然の変化を表す自動詞の場合には、無生物主語処理の必要がありません。

　The room temperature rose to 86ºF.
　室温は華氏86度まで上昇した。（ºFに関してはワンポイント①参照）

　上の文では rise という状態変化の自動詞が使われています。「室内温度」は確かに無生物主語ですが、無生物が「食べる、押す、言う」などの行為をしたわけではなく、単に状態が変化したということを示している文です。したがって、この場合の訳は日本語でもそのまま無生物を主語として扱い、「室内温度は華氏86度まで上昇した」と訳すことができます。
　同様の例をもう1つあげます。

　The definition of anti-Semitism seems to have shifted from "expressed hostility" toward Jews to attitudes that Jews wish that others would not hold.
　○反ユダヤ人主義の定義はユダヤ人に対する「憎悪感を表現すること」から「ユダヤ人が外部の人たちにとってほしくない態度」に変わったようだ。

　この文でも、The definition of anti-Semitism という無生物主語に対する動詞が seems to have shifted という移動の自動詞ですから、主語はそのまま「反ユダヤ人主義の定義は」とし、その後は「～ユダヤ人に対する『憎悪感を表現すること』から『ユダヤ人が外部の人たちにとってほしくない態度』に変わったようだ」と続けます。
　この他、化学物質、有機・無機分子、天体、コンピュータのハードウェア

やプログラムなどの動作や作用について書く場合は、たとえば「塩素が反応を起こす」「地球は太陽を回る」など、日本語でも無生物を主語として使うことができます。

　また、日本語では例外的に、限られた形で無生物主語が使われる場合もあります。「それは私のプライドが許さない」「ピカソの絵は万人を惹きつける」などがその例です。限られた形でしか使われないという意味は、たとえば「プライドに許してくれと頼んだが、許してくれなかった」「ピカソのあの絵は、来年は何百万人を惹きつけるだろうか」などとは言いにくいということです。これはある程度イディオム化していることを意味し、例外となります。

練　習

次の英文を訳してみましょう。

1. Does the law permit the police to search a home or items in it?
   ヒント：search a home or items in it に対応するよい日本語があります。

2. Why do candles attract moths?
   ヒント：必ず無生物主語処理をしてください。

3. Since 1981, the number of psychiatric clinics has increased tenfold.

ワンポイント❶　温度の換算

タバサちゃん

　℉って何ですか？

86℉の℉は、アメリカで使う温度の単位で、Fahrenheit（ファランハイト、華氏）の略語です。86℉は、摂氏30度に当たります。

$(86℉ - 32) \times 5/9 = 30℃$

換算をするかどうかに関しては、6章のワンポイント②［単位と換算(2)］を参照してください。

クリケット先生

演 習

次の英文を訳してみましょう。

1. The very high oil prices of 1978 caused a worldwide recession and gave energy conservation a big push.

   ヒント：push された結果、energy conservation はどうなったのでしょうか。

2. Strong tremors can reduce buildings to rubble in seconds.

   ヒント：seconds は複数形。さてさて、「秒」単位で図るのはどれくらいの時間？

3. Information presented on computers, such as graphics and photographs, encourages interaction among students.

4. （工業用機械の説明）High operating temperatures shorten lubricant life.

   ヒント：shorten が現在形であることに注意。動作動詞の現在形は習慣や不変の真理を表します。

5. They are hoping that the good atmosphere of the city will encourage the members to attend the annual meeting.

6. This new version of Linker will enable users to automatically create sophisticated layouts from a variety of data.

7. We hope that this rising tide will compel agreement on a new Comprehensive Nuclear Test Ban Treaty prohibiting all nuclear explosions.

   ヒント：Comprehensive Nuclear Test Ban Treaty は語頭が大文字になっていますね。ということは？

ハヤトくん

> 演習 7. で、クリケット先生は「ということは？」って
> 聞いてますけど何を求めているんですか？

固有名詞！専門用語なんですね。定訳があるんです。単語
の頭文字に大文字を使うのは、以下のようなケースです。

① Johnny Depp などの人名

② France などの国名

③ Google などの社名

④ Doritos などの商品名

これに加えて条約、事件、地名などなど、大文字で始ま
る単語は定訳を調べて、それを使いましょう。

クリケット先生

The Energy Crisis

第1次石油ショックの世界的な経緯について述べています。the Arab-Israeli War は大文字であらわされているので固有名詞です。1973 年に起こったこの戦争に定訳を使用してください。

The year 1973 brought an end to the era of secure, cheap oil. In October, as a result of the Arab-Israeli War, the Arab oil-producing countries cut back oil production and embargoed oil shipments to the U.S. and the Netherlands. Although the Arab cutbacks represented a loss of less than 7 percent in world supply, they created panic on the part of oil companies, consumers, oil traders, and some governments.

Wild bidding for crude oil ensued when a few producing nations began to auction off some of their oil. This bidding encouraged the OPEC nations, which now numbered 13, to raise the price of all their crude oil to a level as high as eight times that of a few years earlier.

The world oil scene gradually calmed, as a worldwide recession brought on by the higher oil prices trimmed the demand for oil. In the meantime, most OPEC governments took over ownership of the oil fields in their countries.

インデントについて

2 章のワンポイント② ［パラグラフについて］で述べた通り、段落の最初はインデント（最初の文字を右にずらすこと）をしますが、タイトルの下や、パラグラフ間に空白があるときは例外です。この文章はパラグラフ間に空白が入っているパターンですので、インデントがありません。

第8章
名詞句

The introduction of the new technology increased the output.

△新技術の導入で生産高が増えた。

○新技術を導入したので、生産高が増えた。

認知言語学の文法観を担う認知文法の創始者、ラネカーは、品詞と意味の間に対応関係を想定しています（Langacker 1991: 14, Langacker 2008: 98–101 も参照）。

すなわち文章の中で、〈もの〉（石、時計、空、希望）は名詞として、〈こと〉（走る、落ちる、叩く、壊す、伝える）は動詞として現れやすいということです。

　　　〈もの〉（石、時計、空、希望）⇔ 名詞

　　　〈こと〉（走る、落ちる、叩く、壊す、伝える）⇔ 動詞

〈もの〉や〈こと〉は意味のカテゴリーです。ここでは〈こと〉を動作、行

為、出来事などを指すと考えます。一方、〈名詞〉や〈動詞〉は文法上の概念です。両者は異なるレベルの概念なので、ズレが生じることもあります。そこで、signing（署名すること）や、After her run and a hot shower, Priscilla wandered into the kitchen.（走りと熱いシャワーのあと、プリシラはキッチンにふらふらと入っていった）など、〈こと〉が名詞で現れることがあります。

　池上嘉彦（1981）『「する」と「なる」の言語学』には、英語が〈もの〉的な捉え方を好む言語であり、日本語が〈こと〉的な捉え方を好む言語であることが記述されています（池上 1981: 256–261）。言語によって動詞化や名詞化の傾向が異なるのは興味深い現象です。翻訳の観点から見ると、名詞で表現された英語を、日本語では動詞に変換する技術を磨く必要があるということになります。

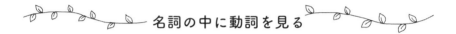

名詞の中に動詞を見る

　標題の文章を直訳および学んだ無生物主語の翻訳テクニックを利用した訳で表現してみます。

The introduction of the new technology increased the output.
×新技術の導入は生産高を増やした。
△新技術の導入で生産高が増えた。

　6章と7章の方法で無生物主語を処理した訳はこれで十分日本語らしいでしょう。しかし、ここからもう一歩日本語らしくする方法があるのです。これが名詞句の処理です。

　○新技術を導入したので、生産高が増えた。

　introduction は introduce（「紹介する」「導入する」）という動詞から派生した名詞ですので、この名詞句の中に動詞の意味を読み取ります。

別の例を見てみましょう。

This cable car will take you downtown.
×このケーブルカーがあなたをダウンタウンに連れて行きます。
△このケーブルカーで、ダウンタウンに行けます。

さらに進んで、動詞を加えてやります。

○このケーブルカーに乗れば、ダウンタウンに行けます。

　この例における this cable car は動詞から派生した名詞ではないですが、〈乗る〉という行為が cable car に強く関連した動詞として引き出せるので、この動詞を補ってあげると日本語らしくなる例です。また、後の節の主語は聞き手ですので、代名詞処理で隠されている例になります。

> 名詞句の一般テクニック　名詞句を〈こと〉として訳す

> 名詞句のテクニック①　名詞句の中に動詞を見る

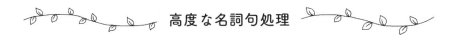

高度な名詞句処理

　下の文は、主語をそのまま名詞句として翻訳してあります。これは英文解釈の授業では合格点をもらえる訳ですが、翻訳としては落第です。

His graduation from high school relieved his parents.
×彼の高校からの卒業が両親を安堵させた。

この英文の主語は無生物ですから、さっそく無生物主語のテクニックを使って訳してみます。

×彼の高校からの卒業の<u>ため</u>、両親は安堵した。

「両親は」という新しい主語ができたこと、「安堵させた」→「安堵した」と他動詞から自動詞に変化したところが特徴です。しかし、まだ変ですね。

本章で説明した「動詞を引き出す」テクニックを適用してみます。graduation という名詞の中に to graduate という動詞を見出すと、次の最終訳ができます。ついでに、両親との関連で、代名詞を「息子」に変えておきますね。

○息子が高校を<u>卒業した</u>ので、両親はホッとした。

なお、「安堵した」から口語的に「ホッとした」に変えています。では例をもう1つ見てみましょう。

Too much love of money will lead a man into vice.
×多すぎる金の愛は人を悪徳へと導く。

上の文の主語は too much love of money ですが、そのまま名詞句として「多すぎる金の愛」と訳してしまうと、後に続く文がどうしても不自然になってしまいます。これは無生物主語でもありますから、6章［無生物主語Ⅰ］で学習したとおり、まず英語の主語を副詞的に訳して次のようにしてみましょう。

△<u>金の愛が多すぎると</u>人は悪に陥るはめになる。

まだしっくりきません。どうも「金の愛」（または「金に対する愛」でもいいですが）に問題があるようです。そこで、主語である love という名詞

に to love という動詞形があることに注目します。日本語では名詞の代わりにこの動詞の意味を使って表現することを考えます。

　○金を<u>愛しすぎる</u>と、人は悪に陥るはめになる。

　何とかそれらしい訳になりました。さらに「金を愛す」という表現にはどうも翻訳臭があることに気づいたら、もう少し頭をひねって次のようにします。

　○金を好くにも度が過ぎると、人は悪に陥るはめになる。

　このように、名詞の中に動詞を見出すということは、英語の名詞句を日本語では動詞を使って、あたかも文のように表現することであるともいえます。

名詞句を動詞で訳すことの利点

　his graduation の例では、名詞句を動詞にする利点もよくわかります。以下に両者を比較してみましょう。

his graduation from high school（息子<u>の</u>高校<u>からの</u>卒業）
He graduated from high school（息子<u>が</u>高校<u>から</u>卒業した）

　名詞句では、「の」や「からの」「への」「での」など、多くの場合、格助詞に「の」という助詞を加える必要があり、これは複雑で不自然な印象を生みます。一方、動詞を使用して文章にすると、「は」「が」「から」「で」「へ」など、通常の助詞だけですむので単純化され、自然な印象を与えます。

「動詞＋ことによって」「動詞＋ことで」は不完全

The introduction of the new technology increased the output.
○新技術を導入したので生産高が増えた。

His graduation from high school relieved his parents.
○息子が高校から卒業したので両親はホッとした。

これらの和訳の代わりに以下のように訳すのはどうでしょうか。

新技術を導入したことによって、生産高が増えた。
息子が高校から卒業したことで、両親はホッとした。

　結論からいうと、これらは不完全です。せっかく「導入」や「卒業」という名詞を動詞にして、「導入した」「卒業した」といった述語にしてあげているのに、「こと」という名詞表現をつけて、再度名詞化しています。たしかに、「息子の」「高校からの」の、「の」格の頻出がなくなった点はメリットといえますが、「導入したので」の方が「導入したことによって」より短く、同じ意味が伝わります。また、6章［無生物主語 I］で述べたように、「によって」は複数の意味を持ち、意味があいまいになります。動詞化した後は「こと」などを使わず、動詞のまま直接、接続助詞に続けることを心がけましょう。

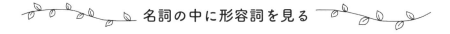

名詞の中に形容詞を見る

　3章［代名詞］の課題には、以下の英文が登場しました。

Because of his tender age, lack of manual dexterity and incomplete under-
standing of the need to orient the key just so, he would usually fail.

×幼い年齢、手先の器用さの欠如、鍵を正しく向ける必要性に対する不十
　分な理解から、ベンジャミンは、たいていは失敗していた。

3章ではこれでもよかったのですが、名詞句の技術を学んだ今、もう一歩進
んで tender age, lack of manual dexterity という名詞句を形容詞句にして、
incomplete understanding という名詞句を動詞句に変換しましょう。tender age
を「幼い」、dexterity を「器用だ」、understanding を「理解する」と考えます。

○ベンジャミンは、まだ幼く、手先も器用ではなかったし、鍵を正しい方
　向に向けることが必要だと十分に理解できていなかったので、たいてい
　は失敗していた。

とても日本語らしく柔らかい表現になりますね。このように名詞の中に形
容詞を見出して述語にする場合もあります。

> 名詞句のテクニック②　名詞句の中に形容詞を見る

また、名詞句を動詞句にすると、lack of や、incomplete も、「器用ではな
い」「十分に理解できていなかった」と、否定の形式を取ることにも注目で
す（13章［肯定表現と否定表現］も参照）。
　もう1つ注意する点は、この文で名詞句処理が3回使われているところ
です。名詞句処理は1回とは限りません。

> 名詞句のテクニック③　名詞句処理は1回とは限らない

練　習

次の英文を訳してみましょう。

1. Lack of Vitamin A reduces your resistance to influenza.
2. The construction of dams makes it possible to produce hydroelectric power.
3. I was in complete ignorance of his intentions.

演　習

次の英文を訳してみましょう。

1. One theory holds that severe corporal punishment of criminals increases the likelihood of further criminal acts.
   ヒント：one も数量詞の仲間ですよ。

2. A careful examination of the crash site revealed that two of the plane's engines had been malfunctioning.

3. His freedom from official duties made it possible for him to continue his study.

4. Any visitor to Yellowstone will be overwhelmed by its beauty.

5. No one could imagine our anxiety awaiting the news of your safe arrival.
   ヒント：「誰」を使わずに訳してください。

6. He is a great manager of household finances.
   ヒント：14 章で取り上げる「は」「が」構文を使うと訳しやすいです。

7. A complex manufacturing process increases cost.
   ヒント：動作動詞の現在形は習慣や不変の真理などを表します。

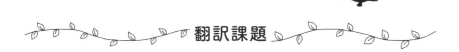

Stimulus and Response

最初の 2 つの段落が一般論、最後の段落が具体例になっています。stimulus（刺激）と response（反応）は、心理学の定訳です。species は「動物」のことですが、「種」という正式な訳語がこの心理学レポートでは適切だろうと思います。

Recognition of danger in animals requires that they distinguish dangerous stimuli from others, and distinguish among different sorts of danger that may require different escape responses. In many species there is a close relationship between fear and curiosity: confronted with a novel stimulus, or a change in environment, most animals respond first with flight and then with approach and investigation.

The degree of novelty is crucial in determining which response will be given: familiar stimuli evoke little response, whereas a moderate degree of novelty elicits curiosity and approach, and fear is shown, by either freezing, flight, or alarm signal, when the stimulus is extremely novel. With many species certain sights, sounds, and smells are particularly effective in eliciting escape behavior, and different stimuli may elicit different sorts of escape.

In East Africa, vervet monkeys are preyed upon by leopards, two species of eagle, and pythons. Alarm calls given for leopards cause other monkeys to run up into trees; the different calls given for eagles cause them to look up into the air or run into bushes; and those for pythons, acoustically distinct from both leopard and eagle alarms, cause them to stand on their hind legs and peer into the grass around them.

（Gregory, Richard L. The Oxford Companion to the Mind, 1987,
Oxford University Press. p. 35 一部省略）

翻訳と通訳〜規範性と可視性〜　　水野　的（元日本通訳翻訳学会会長）

翻訳と通訳の違いを「規範」（norms）と「可視性」（visibility）の面から考えてみたい。しばしば翻訳者の不可視性（invisibility）と言われるが、これは通常、翻訳作品に翻訳者の存在が感じられないことを意味する。読者はそれが翻訳であることを意識せずに読めるということである。Venuti は、アメリカには「翻訳に使われる英語は自然で流暢な英語でなければならない」という「規範」があるため、英語にとって異質な文体やメタファーなどは単純化され、翻訳者は不可視の存在になると指摘する。このような「同化」（domestication）的翻訳に対抗して Venuti は「異化」（foreignization）という翻訳方略、つまり目標言語の規範から逸脱し、読者に異質な読みを経験させるような翻訳を提起する。日本の場合も、「翻訳はわかりやすく読みやすくなければならず、最初から日本語で書かれた作品であるかのように読めなければならない」という規範がある。これは現在優勢な規範であり、この規範に従えば極端な場合には含意やアイロニーまでも明示化することになる。しかし、アメリカなどとは異なりこれに対立する規範も根強く存在している。特に文学作品の翻訳の場合、原作自体が日常言語を変容させ、読者の認識に異化効果をもたらすように仕組まれたものなのだから、「わかりやすく読みやすい」という規範に従うことはできない、という対抗規範である。そのような場合には翻訳者の存在（介在）が可視化されると言えるだろう。

通訳でも似たような面はあるが、別の意味合いが強くなる。通訳者はしばしば「黒衣」（くろこ）と表現され、見えない（invisible）存在であることが望ましいとされる。つまり通訳者の存在を感じさせない通訳がよい通訳であるという規範があるのだ。しかし通訳者は翻訳者に比べ、コミュニケーション状況に直接的に関わる度合いが大きいため、実際に visible であることが多い。逐次通訳の場合はそこに通訳者の姿が見えるし、同時通訳でもブースを覗けば通訳者を見ることができる。テレビ放送の場合は姿こそ見えないが名前が字幕で表示され、通訳（と原音声）を録画できる。それゆえ通訳者はその場で直ちに誤訳を指摘される脆弱な存在でもある。最近では森友学園籠池理事長の「忖度」発言の英訳をめぐり、弁護士ともう一人の通訳者が介入した件が思い浮かぶ。通訳の規範にはまた倫理的要請も含まれる。外国の通訳者の職業団体は倫理規定としてしばしば「正確な通訳」、「客観性」、「公平性」などを掲げている。しかしこのような規範は現実の通訳状況とかけ離れており、人間同士の相互作用の場にはあてはまらない。実際に通訳者はしばしば倫理規定から逸脱することが多いのである。翻訳者と比べ通訳者はどうしても可視性が大きくなると言えそうだ。

みずの あきら…いわき市出身。出版社勤務の傍ら放送通訳、会議通訳に携わる。2011 年から 17 年まで青山学院大学教授。日本通訳翻訳学会会長も務めた。

第 9 章
順行訳

The rocket will be traveling for six months before it reaches Mars.
×ロケットは火星につく前に6か月飛行する。
○ロケットは6か月飛行して火星に到着する。

　長い英文や、関係代名詞が続くような複雑な構造の場合、文章を切るという技術を使うことができます。どんなときに切るのか、切る際にどのようなことに気をつけるのか。そのことを考えるために、まずは標題の文に対応するロケットの動きを時間軸上で見てみましょう。

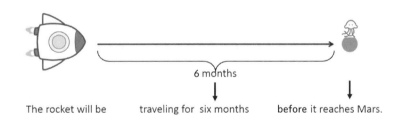

The rocket will be　　traveling for six months　　before it reaches Mars.

　英文では、［出発→6か月飛行→火星］という出来事の順序が、そのまま言語の順序に反映されています。一方、この英文を直訳した和文は以下の図で示すことができます。

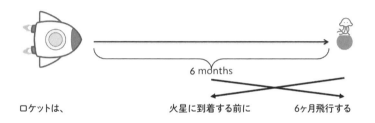

この直訳の日本語では、言語上の順序が、実際の時間軸上の順序と異なっており、ねじれが生じています。こんなとき、次のように before の前で一度切って訳出するとねじれが解消します。

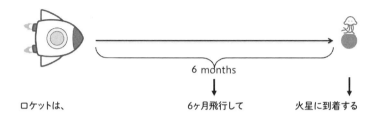

これによって、意味における出来事の時間的順序と言語における形式の順序のねじれが解消して、わかりやすい文章になるわけです。これが順行訳という技法です。平たくいえば英語を頭から順に訳していく技術です。

> 順行訳のテクニック①　before が来るときは順行訳を使う

順行訳は、一般に以下のテクニックに従います。

> 順行訳の一般テクニック　①切る　②つなぎのことばを入れる

標題の例で、つなぎのことばは、「飛行して」という普通のテ形接続です。

名詞を修飾する統語の日英差

　英語では、名詞を a tiny, red car とか the car <u>that I bought ten years ago</u> のように名詞の前からも後ろからも修飾することができます。さらに、the <u>tiny, red car that I bought ten years ago</u> のように、名詞の前と後ろの両方から同時に修飾することもできます。ところが日本語の場合はどうかというと、名詞を修飾する語句（形容詞または形容詞句や節で、日本語文法では「連体修飾」と呼ばれるもの）はすべて被修飾語句である名詞の<u>前</u>に来なければなりません。すなわち、the car that I bought ten years ago の訳として「車 10 年前に買った」のように、修飾語句を名詞の後ろに持ってくる表現は日本語には存在せず、「10 年前に買った車」というように、修飾語句が前に来る言い方だけが存在します。下の図の原文では、二重線ボックスに入った被修飾語句（名詞）の後ろに修飾語句が来ており、それを訳した日本語では修飾語句が被修飾語句の前に来ていることを示しています。

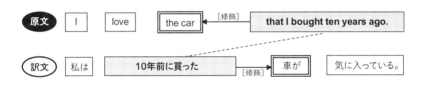

　この原文には「10 年前に買った」という比較的短い修飾語句が 1 つしかないため、このようにいわゆる「普通」の訳し方で問題ありません。さらに the <u>tiny, red car that I bought ten years ago</u> のように名詞の前と後ろ両方に修飾語句が合計 2 つ以上ある場合も、どちらの修飾語句も比較的短ければ、全部名詞の前に持ってきて「10 年前に買った小型の赤い車」としても日本語として無理はありません。

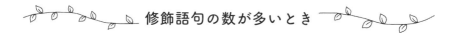

修飾語句の数が多いとき

さて、修飾語句が1つや2つだったらいいのですが、長く、数が多い場合はどうでしょうか。

My favorite spot was a small fern-covered cove about 15 minutes south of my hotel to which I drove every day to watch the whales go by.

この文では、まず cove（入り江）という名詞の前に small（小さな）と fern-covered（シダで覆われた）という2つの形容詞があります。この名詞の直後には about 15 minutes south of my hotel という修飾語句が付いています。その上、次に比較的長い関係節 to which I drove every day to watch the whales go by が後ろから the cove を修飾しています（to which の指す名詞は hotel ではなく cove です）。つまり、cove という1つの名詞を、長めの関係節を含む4つの修飾語句が修飾しているのです。この原文の修飾関係を図で示します。

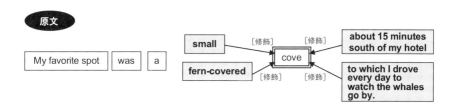

修飾語句をすべて名詞の前に持ってきてこの英文を訳すと次のようになります。

×私の好きな場所は、小さい、シダが茂った、宿泊先のホテルから15分ほど南に行ったところにある、毎日車で行って鯨が泳いでゆくのを眺めていた入り江だった。

この日本語訳では、次の修飾関係が成り立っています。

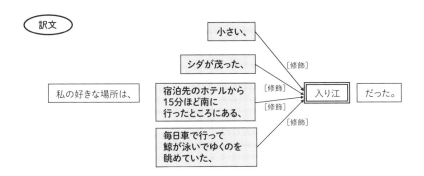

これが自然な日本語の文であると思う人はいないと思います。修飾部分が長すぎて「頭でっかち」の日本語になっています。

このように名詞の修飾語句が多くなると、日本語では1つの文では到底自然に訳せなくなります。このような場合にも順行訳が使えます。この例では、修飾語句のうち「小さい」と「シダが茂った」は、英語のとおり名詞の前に置いたままでもいいでしょう。残りの2つの比較的長い修飾語句を英語に従って「入り江」の後ろにまわします。原文のcoveのところでいったん文を切ってみましょう。to which 以下の関係節を第2の訳文に入れて続けると、次のような訳ができます。

○私の好きな場所は、シダが茂った小さい入り江だった。この入り江は宿泊先のホテルから15分ほど南に行ったところにあり、私はここに毎日車で行って鯨が泳いでゆくのを眺めていた。

これを図式化すると次のようになります。

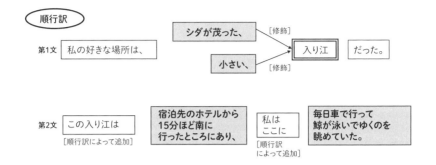

4つの修飾語句が全部名詞の前に来て「頭でっかち」になっていた先ほどの訳と比べて、この順行訳では長めの修飾語句を第2文に、すなわち被修飾語句の後に持っていったため、全体的にすっきりして無理のない日本語になっています。また、お気づきのように、この順行訳では「この入り江は」と「私はここに」ということばが追加されています。原文と訳文を突き合わせたら原文には存在しないことがわかります。これは訳文を2つにわけたために、「つなぎ」として必要になったことばです。原文にないものを追加してしまっていいのか、と思う人もいると思いますが、2章［優れた翻訳とは］で説明したように、我々は意味構造、つまり意味レベルでの等価性を求めているのですから、原文と訳文の間で文法構造に違いが出ても、意味が同じである限りかまわないのです。

> **順行訳のテクニック②　修飾語句が多いときは順行訳を使う**

切ることが順行訳の基本ですが、その際に、どこからつながっているのか、時制などに注意する必要があります。また、この例で「この入り江は」や「私はここに」が入っているように、つなぎのことばを入れることが、読みやすくするために必須です。

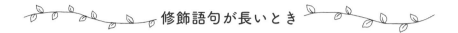

修飾語句が長いとき

次の文はクリントン大統領が 1996 年初頭に行った the State of the Union Address（一般教書演説）について本人が語った内容の一部です。

People believe they're being treated like couch potatoes and spectators <u>that are supposed to show up at the ballot box and respond to the last 30-second ad.</u>

<u>×投票所に行って、ついさっき見た 30 秒コマの宣伝につられて投票する</u>ことになっている、カウチポテトや傍観者のように扱われていると人々は思っている。

　下線の部分が couch potatoes and spectators という名詞句を修飾しています。従来どおりそのまま訳すと「投票所に行って、ついさっき見た 30 秒コマの宣伝につられて投票することになっている、カウチポテトや傍観者（のように扱われていると人々は思っている）」となります。この日本語はゆっくり読めばわかるのですが、簡潔さを目指す産業翻訳の世界ではもうひと工夫しないと合格点に達しません。それどころか、この訳はどうしても「翻訳臭」が強いと思いませんか。これは「カウチポテトや傍観者」という名詞句を修飾する形容詞節が長いために、頭でっかちの日本語文になっているからです。英語では、修飾語句が長くなっても名詞の前と後に適当に配分することができるし、名詞の後に関係節や分詞構文などの長い修飾語句を置いても、読みやすさにさほど支障はありません。ところが日本語は修飾語句が全部名詞の前に来なくてはならないというやっかいなルールがあるため、普通の訳し方ではどうしても頭でっかちになりがちです。

　この場合も順行訳を使って、長い連体修飾節を名詞の後ろに持ってくることを考えましょう。まず前半の People believe they're ... potatoes and spectators の部分だけを先に訳します。

○自分はまるでカウチポテトや傍観者みたいに扱われていると皆さん思っていらっしゃいますね。

次に文を新たにして残りの部分に取りかかります。

○型通りに投票所に行って、ついさっき見た 30 秒コマの宣伝につられて投票する人みたいに扱われている気分ですね。

この 2 つの文をつなぎ合わせて訳ができるわけです。

この訳では、先ほどの cove の文の訳と同様、つなぎのことばが追加されています。ここでは「みたいに扱われている気分」ということばです。これは、第 2 文が people believe ... の思考内容であり、they're being treated like ... という様態の説明である点を考慮して調整したものです。このような調整は必要になりますが、頭でっかちの文よりはずっと自然です。

名詞の後に来る修飾語句を今まで通り名詞の前に持ってきて訳す方法を、順行訳と対比して逆行訳と呼びましょう。日本の学校英語では、英語の構文を解釈する必要上、逆行訳が盛んに使われていますが、翻訳作業では順行訳が効を奏する場合が少なくありません。ただし、常に順行訳を使えばよいとも限りません。逆行訳できれいにおさまるときもあります。場合に応じて順行、逆行のどちらを使うかという判断力を養っていくことが大切です。判断の基準は、結果として出た訳がどのくらい<u>自然</u>で<u>滑らか</u>、かつ<u>正確</u>であるかです。

順行訳で追加するつなぎのことば

順行で訳すときには派生的に追加されることばがあることを上で学びました。実際にどのようなことばを追加するかは翻訳の経験を積んでいくうちにわかってくるものですが、当然、文脈によって異なってきます。ここでは例をいくつか示しますので、皆さんが順行訳を使うときの参考にしていただき

たいと思います（点線の部分が順行訳によって追加されたことばです）。

1. 単純接続

Ron traveled to Hawaii, **where** tourism is the number-one industry, followed only by the tourism-related hospitality industry.

ロンはハワイに行った。そこでは（＝ハワイでは）観光が最大の産業で、その次に大きい産業も観光関連のホテル業だ。

※関係副詞 where に当てはめる日本語としては、この他「そこで」「そこに」「そこには」「（場所名）＋では（には）」などがあります。

Last Friday the client gave a particularly difficult assignment to Harry, **whose** boss happened to be out of town and was not available for advice.

先週の金曜日、クライアントが特別難しい仕事をハリーに依頼してきた。ハリーの上司はたまたま出張中で、アドバイスがもらえなかった。

The United States has been aggressively attacking the Taliban for a long time, **for which** it has been criticized by some Arab governments.

アメリカは今まで長い間、タリバンを積極的に攻撃してきたが、このことを（＝このためにアメリカを）批判するアラブ諸国政府もある。

2. 原因と結果

Yesterday's rain storm was pretty strong, leav**ing** parts of the freeways flooded.

昨日の大雨はだいぶ強かった。この大雨のために高速道路が一部洪水になった。

※原因と結果を表すことばにはこの他、「この結果」「そのおかげで」「これがきっかけとなって」「これが原因となって」「このせいで」などがあります。

3. 条件

The buyer shall pay the entire amount due in one sum, **except** in the case **where** the buyer encounters an unforeseeable circumstance **where** a lump sum payment is deemed to be impossible by both the seller and the buyer.

買い手は全額を1回で支払うこととする。<u>ただし</u>、買い手が予想不可能な状況に遭遇し、一括払いが不可能であると買い手と売り手の双方が認めた<u>場合はこの限りではない</u>。

※ where は条件ではなく単純接続です。

In that country, foreign nationals may apply for citizenship after two years of residence, **provided** that the applicants can prove they do not have any criminal record in their native countries, and that they have been holding a steady job during the two years.

その国では、外国人は居住2年後、市民権を申請できる。<u>ただし</u>、申請者は母国で犯罪歴がないことを証明できること、およびその2年間、安定した職を維持していたこと<u>が条件</u>となる。

4. 付帯状況

The passengers stood in line for hours to check in, talk**ing** to fellow passengers how inefficient the process was but how relieved they were now that the airport security had improved a lot.

乗客はチェックインのために何時間も列に並んでいた。<u>その間</u>、チェックイン手続きの効率は悪いけれど、空港の警備体制がとてもよくなったから安心したと話し合っていた。

The dancer stood still on the stage, **with** his left leg extended in arabesque, both arms in fifth position, all muscles contracted, but with a calm face.

ダンサーはピタッと止まった姿勢で舞台に立っていた。左足はアラベスクの姿勢、両腕は第5ポジションで、筋肉をすべて収縮させていたが、涼しい顔をしていた。

※ことばを追加せず、単に2つの文に分けただけ。

5. 時間（出来事が発生した順に訳）

He went on talking about his mother for as long as one hour **before** he finally started talking about the subject of the discussion for the panelists on the stage.

彼は自分の母親のことを1時間も話して<u>から</u>、ステージ上にいるパネリストたちのディスカッションのテーマについてやっと話し始めた。

Karen was sitting in her room knitting, **when**, all of a sudden, a burglar entered the house through an open window in the bedroom in the back of her house.

カレンは自分の部屋で座って編み物をしていた。<u>そのとき急に</u>、カレンの家の裏側にある寝室の開いた窓から泥棒が押し入った。

　これらの例からわかるのは、つなぎのことばが多岐にわたることです。さらに、順行訳は1回とは限らないこともわかりますね。順行訳は、何回でも使える技術ですので、うまく訳を向上できそうな部分ではぜひ試してみてください。

順行訳のテクニック③　順行訳は一回とは限らない

順行訳と目的の不定詞

　目的を表す to 不定詞について聞いたことがありますか。「〜するために」などと訳される不定詞です。この to 不定詞もいつも逆行訳では都合が悪くなるときがあります。たとえば次の文にある下線部を、逆行と順行の両方で訳して比較してみましょう。

He used his meager savings <u>to hire a few workers and rent a small office space</u>.

逆行　彼は何人かを雇ってオフィス用の小さなスペースを借りるために、なけなしの貯金を使った。

順行　彼はなけなしの貯金を使って数人を雇い、オフィス用の小さなスペースを借りた。

　逆行訳では「〜するために」という目的意識が強めに出ます。それに対して順行訳では「貯金を使う」「人を雇ってスペースを借りる」という出来事が起こった順序に従っており、抵抗なくスラスラと読めます。特に目的をポイントとする文でない限り、順行訳の方が読みやすいという例です。出来事の順序に合わせるという点で、冒頭の before の例に似ていますね。

　一方、以下の2つの訳を比較してみてください。

John went to the supermarket to get some chocolate.

逆行　ジョンは、チョコレートを買いにスーパーに行った。
順行　ジョンは、スーパーに行って、チョコレートを買った。

どちらが正しいでしょうか。この文には、次のような文を続けることが可能です。

But he met Sally in front of the supermarket and they decided to go somewhere.
しかし、スーパーの前でサリーに会ったので、2人でどこかに行くことにした。

　この場合、チョコは買えていません。そこで順行訳は意味の正確性の観点から誤りになります。目的は変更される場合があります。目的の to 不定詞に順行訳が使用できるかどうかは、目的が達成されているかどうかにかかっています。その点を文脈からしっかり見極めて訳す必要がありますね。

順行訳と結果の不定詞

to 不定詞といえばもう 1 つ、結果を表す場合があります。次のような文
です。

> My grandmother was born in the 19th century, but she lived long enough <u>to</u>
> <u>see</u> her first greatgrandson's face.
> 祖母は 19 世紀生まれだが、長生きしてひ孫の顔を見ることができた。

> He grew up <u>to become</u> a successful entrepreneur.
> 彼は大人になってから実業家として成功した。

上の 2 文はどちらも、順行訳を使わなければ、かえって変な文になって
しまいます。また、結果を表す to 不定詞は、「運命の to 不定詞」と呼ばれ
ることもあります。次に示すこの種の文もやはり順行訳しか使えません。

> The twins got separated at the age of two, never <u>to see</u> each other again.
> その双子は 2 才の時に別々になり、その後二度と顔を合わせることはな
> かった。

練　習

練習として順行訳で訳してください。

1. We traveled to Switzerland to visit an art museum that was located in a
   small town near Geneva.
2. The company president introduced Mr. Bradford to a new employee who
   had applied for the position many times.
3. The guy had a hungry savage look, which was truly fearful.

演 習

次の英文を訳してみましょう。

1. The old woman spent most of the day on the terrace from which she could see the Golden Gate Bridge, Mt. Tamalpais, and the distant mountain ranges.

2. Japanese foreign policy over the last ten years has recorded some unmistakable failures which could have been prevented and which badly hurt the Japanese image abroad.

    ヒント：無生物主語です。unmistakable ＝「まぎれもない、はっきりとした」
    over the last ten years は、10 年ですか、10 年以上ですか？

3. （エベレスト山の観光ブームの最中に起きた遭難事故に関する新聞記事）
    The disaster has touched off a debate in the booming adventure travel industry, with some arguing that their customers deserve a shot at the top — as long as they have the required skills and understand the extraordinary risks.

    ヒント：deserve は訳しにくい語ですが、ここでは「～する権利がある」。

4. When the Hubble Space Telescope was first proposed, astronomers wanted it to be a time machine that could look back nearly to the beginning of the universe to see what was happening.

    ヒント：Hubble Space Telescope　大文字＝固有名詞＝定訳。順行訳は何回も使えます。

5. A decade from now, a craft will return with some Martian rock samples for the NASA scientists to analyze.

6. （冷凍食品のパッケージの裏側に記載された、解凍・調理に関する説明文）
    Cook at HIGH for 5 minutes. Let stand in microwave for 1 to 2 minutes before serving.

    ヒント：before の前に順行訳が使えます。パッケージに記載されていることを意識
    した文体で訳してください。

7. In 1916 he accompanied Paul Claudel as embassy secretary in the French delegation on a visit to Rio de Janeiro, where he became acquainted with Brazilian music, which was to have a lasting influence on his future work.

    ヒント：ダリウス・ミヨーというフランスの音楽家の話です。

116

翻訳課題

Neanderthals

ネアンデルタール人の話。言語の進化の観点からも興味深い話題です。line-backerlike（ラインバッカーのような）といっても日本人にはわからないでしょうからカテゴリー（ワンポイント参照）のレベルを変えたいところです。

一度、インターネットで［画像］を指定して linebacker を検索し、その写真を見てみましょう。

It's not as if anthropologists haven't had ample time to fathom the mysteries of the Neanderthals. A Neanderthal skull was discovered in a limestone grotto in Germany way back in 1856 — the first fossil of an extinct human ancestor ever identified. Since then, researchers have deduced that Neanderthals lived from about 100,000 until 35,000 years ago, spreading from the Near East to central Asia and the Atlantic shores of Spain.

Anatomically, they were nearly identical to today's Homo sapiens, except for their linebackerlike build, lack of a chin and brow ridges as prominent as eaves. Scientists also know that Neanderthals were not the brutes of myth. They buried their dead with care and looked after the sick and the lame.

But there's lots more that anthropologists don't know, such as how Neanderthals interacted with the more modern humans, *arrivistes* known as Cro-Magnons, with whom they shared the Near East and Europe for millennia. Did they interbreed? Do battle? Flee one another?

　カテゴリーとはグループのことです。たとえば、〈犬〉はカテゴリーです。〈人間〉、〈動物〉、〈機械〉、〈消しゴム〉もすべてカテゴリーです。

　また、カテゴリーには、上位（一般）、下位（詳細）などの関係があります。〈犬〉の上位カテゴリーは〈動物〉です。〈犬〉の下位カテゴリーには、シベリアン・ハスキー、チワワ、ブルドッグなどが入ります。

　これは、左下のようなツリー構造で表現することもできますし、右下のような包含図で表現することもできます。

　カテゴリー関係は、「A は B の一種である」や「A は B の一例である」といった言語テストで判定できます。たとえば、「犬は動物の一種である」や「チワワは犬の一例である」と表現します。

　さて、本文の linebacker は、アメリカ人にとって理解できるレベルでも、日本人にはわかりにくいですね。こういった場合、次の①〜③、およびこれらを組み合わせる方法があります。

① カテゴリーレベルを変える
② 説明を加える
③ イメージを浮かべ、描写する

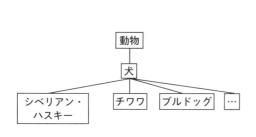

第10章
話法

I asked Linda if she could come to the party.

×私はリンダに彼女がパーティーに来られるかをたずねた。

○リンダに「パーティーに来てくれますか」と聞いた。

　発話者の発言をどのように言語化するかは興味深いテーマです。これは「話法」と呼ばれます。英語の話法には間接話法と直接話法があります。本章では、発言を英語から日本語に訳す場合に注意する点について検討していきましょう。

間接話法と直接話法

　英語では意味を変えずに、発言内容を2種類の方法で表現することができます。

　　間接話法：I asked Linda if she could come to the party.
　　直接話法：I said to Linda, "Can you come to the party?"

　つまり、間接話法では本文の中に組み込み、肯定文の場合には that 節、疑問文の場合は if 節、wh 節などを使って、名詞節（noun clause）として表します。それに対して、直接話法では発話者が言ったことをそのまま引用符" "（クォーテーションマーク）で囲んで表します。

日本語では次の文章が対応します。

間接話法：私はリンダに彼女がパーティーに来られるかをたずねた。
直接話法：私はリンダに「パーティーに来てくれますか」と聞いた。

間接話法と直接話法の例をもう1つあげます。

間接話法：The weatherman said that the mid-state looked like it was going to
　　　　　have a mild day.
直接話法：The weatherman said, "The mid-state looks like it's going to have
　　　　　a mild day."

間接話法：天気予報では、州中部は穏やかな気温となるだろうと予測して
　　　　　いた。
直接話法：天気予報では「州中部は穏やかな気温となるでしょう」と言っ
　　　　　ていた。

英語で間接話法であっても、日本語では、直接話法的にすることを検討し
ましょう。

話法の一般テクニック　間接話法を直接話法に変える

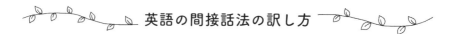
英語の間接話法の訳し方

次の英文の間接話法をそのまま間接話法として日本語に訳すと下のように
なりますが、いかにも翻訳調である上、「その日」がどの日を指しているの
かもはっきりしません。

Soon she sent me a note asking if I could go and see her that evening.
×すぐに、その日の晩に私が彼女に会いに行けるかどうかをきくメモが届いた。

彼女からのメモに実際に書かれていた文を引き出して直接話法にしてみましょう。

まず順行訳で切ります。

Soon she sent me a note ／ asking if I could go and see her that evening.

前半を訳します。

Soon she sent me a note
すぐに彼女からメモが届いた。

次に後半を訳します。

(a note that was) asking if I could go and see her that evening
その晩、私が、彼女に会いに行けるかを尋ねるメモであった。

ここで、間接発話の内容、「その晩、私が、彼女に会いに行けるか」という部分を直接話法にします。

「今晩来ていただけませんか」

これで以下の訳が完成します。

○すぐに彼女からメモが届いた。「今晩来ていただけませんか」という招待状であった。

この例で、間接話法から直接話法に直す際には、以下の４つの変換が関わっています。

　時制：（現在時点から見た）「その晩」→（手紙を書いた時点から見た）「今晩」

　人称：（客観視点から見た）「私」→（彼女の視点から見た）「あなた」→「省略」

　方向：（客観視点から見た）「行く」→（彼女の視点から見た）「来る」

　述べ方：（中立的な述べ方）「来られるか」
　　　　　　→（ていねい表現を加えた）「来ていただけませんか」

　ここには登場しませんでしたが、視点の変更によって、here（ここ）がthere（そこ、そちら）に変わったり、その逆になったりする場合があります。これは場所の変換になります。

> **話法のテクニック①**
> **時制、人称、場所、方向、述べ方などを変換する**

　こういった技術を駆使した上で調整を加えるわけです。

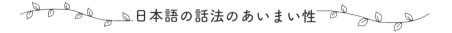

日本語の話法のあいまい性

　人の発言や文書の内容を訳すとき、かぎかっこ（「　」）をつけるかどうかという問題がありますが、英語と日本語ではこの件に関するテクニックが違います。英語では発言内容などを直接的に伝えるとき、ダブルクォーテーション（" "）でその内容をくくります。英語でこのダブルクォーテーションを使うときは、発話者または原著者が話したり書いたりした内容を、そっくりそのまま「引用」するのが基本で、それ以外のことは書きません。同じ英語でも発言内容・文書内容を間接的に伝えるときは、ダブルクォーテー

ションは使わず、以下の文例のように書きます。

間接話法：My boss asked me yesterday if I wanted to have lunch with him.
直接話法：My boss said to me yesterday, "Do you want to have lunch with me?"

　一方、日本語ではどうかというと、その区分は間接話法と直接話法という二分法に収まらず、パターンがたくさんあります。また、英語のダブルクォーテーションに相当するかぎかっこを使うときと使わないときがあります。

昨日、会社の上司に「ランチを一緒に食べようか」といわれた。
昨日、会社の上司に「ランチを一緒に食べようか」と聞かれた。
昨日、会社の上司にランチを一緒に食べようといわれた。
昨日、会社の上司にランチを一緒に食べないか聞かれた。
昨日、会社の上司にランチを一緒に食べるか聞かれた。
昨日、会社の上司にランチを一緒に食べようと誘われた。

　上の文はどれも普通に使われます。上司が実際に発したことばが「ランチを一緒に食べないか」であったかどうかにかかわらず、かぎかっこはつけてもつけなくても構いません。要するに、英語で使われているのが直接話法であるのか間接話法であるのかにとらわれずに、わかりやすく、内容を正確に伝える自然な日本語に訳すのが翻訳者の目標です。

話法のテクニック②　日本語の話法は自由に適切に

アンケートなどの話法

　次の英文では、アンケートに回答した人が書いた内容が間接話法になっています。これは英語としては自然な文章ですが、日本語にする場合、実際にアンケートの中に書かれていた質問やそれに対する回答、または選択肢の文面などを想像して訳すとうまくいきます。

In a follow-up survey targeting 300 occupants of temporary housing in the city of Kobe, conducted by the Asahi Shimbun in June, 5% responded <u>that they always felt a sense of satisfaction and fulfillment in their daily life.</u>

○神戸市内の仮設住宅入居者 300 人に対して、朝日新聞社が 6 月に実施した追跡調査では、<u>日々の生活に満足感や充実感を感じているかという質問に対して「いつも感じている」</u>と回答した人は 5% だった。

　上の例の英語では、質問の内容が応答の中に間接的に現れているだけで、取り立ててこういう質問があったとは書いてありませんが、日本語では、質問の内容、応答の内容を直接的に表したことにより、非常に日本語らしい文になっています。

　翻訳は上辺の構造を伝える作業ではなく、中にある意味を伝える作業ですから、英語の上辺の構造が間接話法であるからといって、それを自動的に間接話法で日本語に訳さなくてはならないという法はありません。かといって、英語の間接話法を全部直接話法に直して日本語にしなくてはいけないということでもありませんが、直接話法や、それに似た形に変えることは、少なくとも試みるべきです。

2つに分かれた英語の直接話法

英語では、発言を2つに分けて、その間を、the person says や、he adds、he explains などでつなぐ癖があります。こういった場合、分けたまま訳すと間が悪いので、日本語にする際は、2つの引用符の中身をくっつけて1つにすることで翻訳臭が消えます。

"We realize that youngsters slipping into jihadism is a real social phenomenon," she says. "We have to respond accordingly."

× 「若者が徐々に聖戦主義に陥っているのは、大きな社会現象だと考えています。」と彼女は言った。「それに対応した行動をとる必要があります」

○ 「若者が徐々に聖戦主義に陥っているのは、大きな社会現象だと考えています。それに対応した行動をとる必要があります」と彼女は言った。

"It's not rocket science," he says. "Advertisers have been doing this for years."

× 「過度に複雑なことではありません」と彼は言った。「広告事業主はもう何十年もやっていますよ。」

○ 「別にそんなに難しいことじゃない。広告事業主はもう何十年もやっていますよ」と彼は言った。

> 話法のテクニック③　2つにわかれた引用は、1つにまとめる

練　習

次の英文を訳してみましょう。

1. John asked if her dad would allow it.

2. He told me that a murder had taken place at Rochefort the previous day.

3. "I miss my friends," Jane said, "plain and simple."

演　習

次の英文を訳してみましょう。

1. I was told to write my experience as a foreign student.

2. A stranger told me that he had lost his way, and asked me if I knew the way to the library.

3. （作者はあるホテルに滞在中。作者の友達がホテルに電話してきたときのいきさつ）He called the hotel while I was out and asked if he could leave a message. The operator told him that he could.
   ヒント：オペレーター（交換手）の返事をそれらしい表現にしてください。

4. Paul's boss told him he must move to Los Angeles by the following week if he wanted to keep his job.

5. （野球場で）A rude guy told me to move over. I told him that he could have at least asked me politely.

はじめから読み進んで、下線部 6. と 7. を訳してください。6 は順行訳も使用してください。

　　ヒント：Service は名前です。

The Worth of a Healing Art

　　Bernard N'donazi has the gentle manner of a country doctor, but his mildness conceals fierce commitment to a mission that began more than 30 years ago, following the destruction of one of his tribe's central institutions.

　　N'donazi's base is a clinic and research facility he founded in the remote town of Bouar. There he collects numerous plants used by healers for laboratory analysis in order to distinguish those with biomedical value from those that have only a placebo effect. His staff dispenses both Western drugs and low-cost and proven traditional preparations.

　　Though modest about his work, the healer takes pleasure in recounting one triumphant moment of vindication. [6.]A few years ago, he was approached by nuns from a Catholic mission hospital, who asked him to help an extremely sick man whose chest was being eaten away by a subcutaneous amoebic infection that had not responded to drugs.

　　Using a method learned from his father, N'donazi applied washed and crushed soldier termites to the open wounds. The patient, Thomas Service, made a remarkable recovery. In gratitude, he now appears at the clinic every Sunday bearing a gift for N'donazi. [7.]When a visitor asks how Service feels, the diminutive man shyly shows his healed chest and says the fact that he walked 18 km from his village speaks for itself.

The Great Gatsby

下は F. Scott Fitzgerald の小説 *The Great Gatsby* からの抜粋です。時は 1920 年代、舞台はアメリカ東部。この小説のナレーターである Nick が、金持ちの Jay Gatsby の催す超豪華パーティーに招かれたときのいきさつを説明している場面です。四角で囲まれた部分を訳してください。a surprisingly formal note を視覚的にイメージして、そのまま対応する日本語にしてください。Note に書かれた英文を再構築してから訳してもよいかもしれません。

I believe that on the first night I went to Gatsby's house I was one of the few guests who had actually been invited. People were not invited — they went there. They got into automobiles which bore them out to Long Island, and somehow they ended up at Gatsby's door. Once there they were introduced by somebody who knew Gatsby, and after that they conducted themselves according to the rules of behavior associated with amusement parks. Sometimes they came and went without having met Gatsby at all, came for the party with a simplicity of heart that was its own ticket of admission.

I had been actually invited. A chauffeur in a uniform of robin's-egg blue crossed my lawn early that Saturday morning with a surprisingly formal note from his employer: the honor would be entirely Gatsby's, it said, if I would attend his "little party" that night. He had seen me several times, and had intended to call on me long before, but a peculiar combination of circumstances had prevented it — signed Jay Gatsby, in a majestic hand.

Dressed up in white flannels I went over to his lawn a little after seven, and wandered around rather ill at ease among swirls and eddies of people I didn't know — though here and there was a face I had noticed on the commuting train. I was immediately struck by the number of young Englishmen dotted about; all well dressed, all looking a little hungry, and all talking in low, earnest voices to solid and prosperous Americans. I was sure that they were selling something: bonds or insurance or automobiles. They were at least agonizingly aware of the easy money in the vicinity and convinced that it was theirs for a few words in the right key.

第11章
レトリック

This relationship is foundering.
×この関係は沈没しかけている。
○私たちの関係は行き詰まっている。

　私たちの言語生活はレトリックに囲まれているといっても過言ではありません。当然、英語にも頻繁にメタファー表現が出てきますが、問題は英語のレトリックを直訳しても意味が通じないとか、ひどいときにはとんでもない誤訳になってしまうということです。標題の文章を見てください。動詞としての founder は「沈没する」という意味です。関係が沈没するとは、どんな意味でしょうか。「私たちの関係は順風満帆だ」とか、「我が家の舵取りはお母さんに任せている」など、関係を船に喩えることはよくありますが、「関係が沈没する」という表現は日本語表現として定着していません。このような場合、英語に引きずられて変な訳にしてしまわないことが重要です。

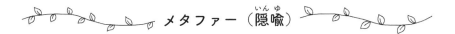

メタファー（隠喩〈いんゆ〉）

　認知言語学の古典ともいえるレイコフとジョンソンの *Metaphors We Live By*（1980）は、メタファーが言語の問題ではなく、思考の問題であると定義した点で、現代メタファー研究の指針を示したといっても過言ではありません（ワンポイント参照）。そこで紹介される多くのメタファーの中の1つに恋愛に関するメタファー表現があります。

Look how far we've come.（ほら、こんなに長い道のりを来たんだよ）

We'll just have to go our separate ways.（別々の道を行くしかないわ）

I don't think this relationship is going anywhere.

（この関係は行き詰ってると思う）

Our marriage is on the rocks.（結婚が座礁している）

We've gotten off the track.（軌道を外れてしまった）

This relationship is foundering.（私たちの関係は沈没しかけている）

　上の表現のどれにおいても、恋愛関係が旅や移動に関する用語で語られています。

　さて、メタファーを翻訳する際にはどのようなことに気をつければよいでしょうか。こういったメタファー表現の中には、日本語でも対応する表現があるもの、意味はわかるがそのまま訳すと変になるものが存在します。たとえば、「長い道のり」「これまでの 2 人の道のりは長く険しいものだった」や「2 人の関係は暗礁に乗り上げた」などは大丈夫でしょう。一方、「関係が軌道を外れてしまった」や「2 人の関係は沈没しかけている」は少し変ですね。こういった表現では、「僕たちの関係は行き詰っている」とか、「2 人の関係はまずい状況にある」など、意味を重視した訳を心がけます。日本語で意味が変わらなければそのまま訳すことができますが、よく似ているようで、ニュアンスが異なることも多いので、レトリックの直訳には十分注意する必要があります。

レトリックの一般テクニック
①日本語にして意味が変わらず自然な場合、そのまま訳す
②意味が同じで、形式の異なるレトリック表現がある場合、それを使う
③それ以外は、レトリック表現を用いず、意味を正しく表す平易な表現を用いる

レトリックとイディオムは強く関連しています。この章ではレトリックを中心に取り上げます。イディオムに関しては、次章で取り扱います。レトリックやイディオムの基本的解法は、「文字面にとらわれず、意味を重視して訳す」ことです。

擬人化

　6章、7章で登場した無生物主語は、無生物を人間のように取り扱っている点で、擬人化（人間以外を人間に喩えるレトリック）になります。擬人化はメタファーの一種です。

> My fear of insects is driving my wife crazy.
> ×虫に対する私の恐怖は妻をイライラさせている。

　上の例では「虫に対する恐怖」が擬人化されています。この文の主語が無生物主語であることも考慮して、次のように訳すのが適切です。

　○私が虫を恐がるので妻は参っている。

　メタファーは日常生活にあふれており、我々はその存在に気づかずに生活しています。そのために意外なところで過ちを犯してしまいがちです。というのは、英語のメタファーがそのまま日本語でメタファーとして使えない場合が多いからです。たとえば、Invest your time wisely という表現は、時間をあたかも金銭のように取り扱っているメタファーです。気をつけていないと「時間をうまく投資する」などと訳してしまいそうです。もちろん、このメタファー表現は日本語には十分に定着していませんから、「時間をうまく利用する」などの表現に変更することが望ましいでしょう。

レトリックの種類

　レトリックは多岐多様ですが、注目すべきなのは、以下の3種類です（佐藤信夫 1978『レトリック感覚』も参照）。

　　メタファー（隠喩）類似性に基づくレトリック

　　　　　　（例）「人生は旅（→目的を目指して進む長い過程）だ」

　　　　　　　　　「彼女はバラだ（→美しい）」

　　メトニミー（換喩）近接性に基づくレトリック

　　　　　　（例）「やかん（→やかんの中の水）が沸いている」

　　　　　　　　　「赤シャツ（→赤シャツを着た人）が文句を言ってきた」

　　シネクドキ（提喩）カテゴリーに基づくレトリック

　　　　　　（一般化の例）「お酒（→アルコール類）は飲めますか」

　　　　　　（詳細化の例）「トリ（→鶏肉）200g ください」

　メタファーはすでに紹介しました。メトニミー（換喩）とは、主に現実世界の近接関係に基づくレトリックです。「沸く」のは「水」で、やかん自体は沸きませんよね（鉄でも高温になれば液体化すると思いますが、ここではそのような意味ではないですね）。これは、容器で内容物を指し示すメトニミーです。

　沸騰を終わらせる場合に「火消して」だけでなく「コンロ消して」「やかん消して」は使えるでしょう。「お湯消して」はどうかな。これらもメトニミーといえましょう。「漱石」を読んでいる人はわかるかもしれませんが、「赤シャツ」は赤いシャツばかり着ている人を呼ぶニックネームで、衣服や装飾物でそれをつけた人を指し示すメトニミーです。

　シネクドキはカテゴリーに基づくレトリックです（9章のワンポイント［カテゴリーについて］を参照）。カテゴリーは上下にシフトすることが可能です。ですから、一般化（上向き）のシネクドキと、詳細化（下向き）のシ

ネクドキが存在します。

　「お酒」は一義的に日本酒を意味しますが、ここでは、酒類一般を指しいますね。この質問に対して「いいえ、ビールなら飲めます」と返答すると奇妙でしょう。「お酒」という詳細名で、ビール、ワイン、ウィスキーを含むアルコール類一般を指している点で、一般化のシネクドキです。9 章のワンポイントの左図でいうと、下の語で上の概念を表す、上向きのシネクドキになります。

　一方、肉屋さんに行って、「トリ」といえば、雀でもカラスでもカナリヤでもなく、ニワトリのことですね。ここでは、たくさんの種類を含む鳥カテゴリーの中で、食肉である「ニワトリ」だけを指し示していることになります。これは、詳細化のシネクドキと呼ばれます。9 章のワンポイントの図でいうと、上の語で下の概念を表す下向きのシネクドキになります。

　さて以下では、特にメトニミーと翻訳について検討します。

メトニミー（換喩）の種類

メトニミーには、以下のような種類があります。

1. 部分が全体を表す

We don't hire longhairs.（ロン毛（→の人）は雇わないよ）

The Giants need a stronger arm in right field.
（ジャイアンツには右翼に今より強い腕（→強肩の選手）が必要だ）

2. 物がその使用者を表す

The ham sandwich left without paying.
（ハムサンド（→を食べた人）が食い逃げした）

The gun he hired wanted fifty grand.
（奴の雇った拳銃（→殺し屋）は 5 万ドルを要求してきた）

The buses are on strike.
（バス（→バス会社の従業員）はストをしている）

3. 製造者が製品を表す

He bought a Ford.（やつはフォード（→社製の車）を買った）

Plato is on the top shelf.（プラトン（→の本）は本棚の一番上にある）

4. 場所がそこにある機関を表す

The White House isn't saying anything.
（ホワイトハウス（→大統領周辺）はコメントを出していない）

Wall Street is in a panic.
（ウォール街（→米株式市場の関係者）はパニックだ）

　日本語でも、「永田町（→日本の政治関係者）が騒動だ」とか、「漱石（→の本）を読んでいる」などは使いますね。上の例でいえば、「今より強い腕」「ハムサンド」「拳銃」などは、そのまま訳せないので、意味を考えて、言い換える必要が生じます。「カツ丼は今、トイレに行っている」などの表現は面白いけど、やや違和感がありませんか。「3番テーブルはお勘定がまだだよ」なら OK でしょうか。テーブルでそのテーブルで飲食する人々を指すのもメトニミーですね。テーブルの例や、静岡の親戚を「静岡はもう来た？」など「静岡」で指せることから考えると、場所的なメトニミーは日本語で生産的なようです。

　また、メトニミーを語の通常の意味と、使用上で指し示す具体物の相違と考えると、「電話を取る」「扇風機が回る」というのもメトニミーといえます。取るのは「受話器」だけですし、回っているのは「扇風機の羽根」ですから。そう考えるとメトニミーは言語の中に遍在しているといえます（西村義樹・野矢茂樹 2016 『言語学の教室』）。英語と日本語のメトニミーの使い方の違いとして、興味深い点を2つあげます。1つは、人間を中心とした表

現、もう1つは感覚表現です。

人間を中心としたメトニミー

　身体に関連する表現は、言語によって異なる構文を使用することがよくあります。

I'm hungry.（(私は) お腹が空いた）

　英語では人を主語にするのに対し、日本語では身体部位や行為を「が」格にする場合が多いようです（14章［「は」「が」構文］参照）。

Hugh's smart.（ヒューは頭がいい）
Isadora is short.（イザドラは背が低い）
Jim is fast.（ジムは走るのが速い／ジムは足が速い）
Kate is long-legged.（ケイトは足が長い）

　上の用例において、英語では人間が主語で形容詞が述語です。一方、日本語では、人間の身体部位や能力の特徴が「が」格で表現され、それらに対して形容詞が述語になっています。
　また、2章［優れた翻訳とは］の課題で見た my front lawn も人間の範囲を拡張して使用する用例です。

Therefore, I can accept the disappearance of the deer from my front lawn.
〇だから、鹿が私の家の前庭からいなくなるのも我慢ができる。

　my front lawn を「私の前庭」と訳すと、日本語ではやや違和感がありませんか。

感覚表現

　感覚表現においては、英語が〈もの〉中心であるのに対し、日本語は〈もの〉にまつわる現象を別単語として表現する場合があります。

　The sun is in my eyes.（太陽の光が目に入ってまぶしい）
　I hear a bell.（鐘の音が聞こえる）
　I smell fish.（魚の匂いがする）

　このように、感覚表現にも日英で相違が見られます。これは連続的な世界のどの部分を切り取って言語化するかという「捉え方」（construal）の違いと考えられます。

練　習

次の英文を訳してみましょう。
1.　He's tied up now.（物理的意味とメタファーの2通りを答えてください）
　　a.　物理的意味　　（　　　　　　　　）
　　b.　メタファー　　（　　　　　　　　）
2.　We need a surgery in our sales department.
3.　I hear a bird.

　村上春樹の小説のタイトル（『騎士団長殺し 第2部 遷ろうメタファー編』）にも登場するようにメタファーは脚光を浴びています。言語学的なメタファー研究の中心は、認知言語学のメタファー理論で、これは、「認知メタファー理論」と呼ばれます。現代のメタファー研究の発端となったのが、レイコフとジョンソンの *Metaphors We Live By*（Lakoff and Johnson, 1980）です。この本では、メタファーを言語だけの問題から、認知（思考と脳）の問題であると定義し直したことが重要でした。

　認知メタファー理論において、語られている抽象的な内容は「目標領域（target domain）」と呼ばれます。〈恋愛は旅である〉メタファーでは、恋愛に関することが「目標領域」です。そのために使用される具体的な内容は「起点領域（source domain）」と呼ばれます。ここでは旅行に関することが「起点領域」になります。本章の冒頭の表現は、〈恋愛は旅〉メタファーの表現でした。このメタファー表現の背景にある対応関係（「写像」と呼ばれます）を表にすると、以下のようになります。

〈恋愛	は	旅　である〉
目標領域		起点領域
恋愛をする人	←	旅行者
恋愛関係	←	乗り物
結婚？	←	目的地
関係がうまく行く	←	順調な移動
困難	←	障害物
別れる	←	乗り物を降りる、別の道を行く

　このほか、数々のメタファーがレイコフらの著書やこれに続く研究で発見されています。

〈時間は金銭〉
    （例）You are wasting my time. （君は僕の時間を<u>無駄遣い</u>している）
        →「無駄なことに時間を使わせるな」

〈多いことは上〉
    （例）My salary is <u>up</u> this year. （今年は給料が<u>上</u>がった）

〈知ることは見ること〉
    （例）I <u>see</u>. （見える）→「なるほど」

〈恋愛は物理的力〉
    （例）They <u>gravitated</u> to each other immediately. （会った瞬間から2人は<u>重力で引き合った</u>）→「会った瞬間から2人はお互いを好きになった」

〈議論は戦争〉
    （例）He <u>shot down</u> all of my arguments. （やつは私のすべての議論を<u>撃ち落とした</u>）→「ヤツは私の議論をすべて論破した」

〈精神的影響は物理的接触〉
    （例）His mother's death <u>hit</u> him hard. （母の死は、その人を<u>強く打った</u>）→「母が死んだので、その人はひどく衝撃を受けた」

　このように数々のメタファーがあることが知られており、世界の言語でどのようなメタファーが存在するかという研究は現在も進行中です。

　恋愛を語るのに、gravity（重力）ということばが使用されることは日本語ではまれだけれど、いわれれば感覚的によくわかりませんか？母語にはないけれどもよくわかる表現を見つけるのも外国語を学ぶ楽しみであり、それを実感に近いことばに変えるのは翻訳の楽しみですね。最近では、メタファーを AI に自動検出させるプロジェクトも脚光を浴びています。さてさて人間の詩的な能力を人工知能は身につけることができるでしょうか。

演　習

次の英文を訳してみましょう。

1. （バンドの練習に欠席者があった理由として）
   The sax has the flu today.

2. I like to drink carrot every morning.

3. A black Mercedes hit my bumper.
   ヒント：「～てきた」や「～られた」など、視点が明示される表現を使うと日本語ら
   　　　　しくなりそうです。

4. Inflation is eating up our profits.
   ヒント：eat up の up は、finish up（終わらせる）や、The time is up.（制限時間終了）
   　　　　など、完了を意味する up ですが、ここでは、進行形になっているので完了
   　　　　にまで至っていません。

5. I haven't felt anger like this, real boiling anger, in over 10 years.

6. And that is exactly the new slogan of the fascist Right that is now raising its
   ugly head.
   ヒント：raise its ugly head とは、何に喩えられているでしょうか。

7. （米国大手の航空会社のほとんどが 9 月 11 日のテロ事件により財政危機に陥っ
   た結果、その対策の 1 つとして機内食などのサービスを打ち切った反面、コン
   チネンタル航空だけはそのままフルサービスを続け、収入が飛躍的に上がった
   ことについての新聞記事。下線部を訳してください。）

Continental estimates that in the fourth quarter its higher percentage of seats filled yielded $100 million in extra revenue, far more than the $7 million or so that would have been saved by scrimping on meals last fall. "<u>Now is not the time to take the cheese off the pizza</u>," says Continental Chairman and Chief Executive Gordon Bethune, returning to the sort of slogan he used while engineering Continental's turnaround eight years ago. "If available business traffic gets scarce, wouldn't you put more amenities in to get them?"

(Scott McCartney. "Continental Keeps the Little Things, And a Risky Bet Brings Big Rewards" *The Wall Street Journal,* 4 February 2002, 一部改変)

ヒント：ニュアンスをぴったり合わせるのが難しいですが工夫してみてください。

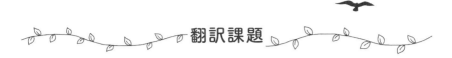

The Emotional Roller Coaster

やや長いですが、トレーニングとして訳してみましょう。最初の段落の before には、順行訳が使えますね。孔子（Confucius）の引用は、『論語』顔淵第十二 16 からの英語版です。正式な日本語を引用しましょう

Select any major amusement park in North America and you will surely find a roller coaster. It could be a roller coaster from bygone days, where the steel wheels creak on rusty rails as it climbs to the highest elevation before plunging into a frantic freefall.

Or, it could be a new high-tech roller coaster, where passengers must be strapped in to protect themselves from inverted spirals at lightening speeds.

Our emotions can feel like roller coaster rides. We experience a slew of feelings daily, some of which are developed from within us and others that appear to be placed upon us externally. One of the most breathtaking emotional roller coaster rides is when people try to make us feel bad about ourselves. Some people seem to know which buttons to push and how high to take us before leaving us suspended in midair. Let's take a brief look at this emotional roller coaster and how it is possible to live with people who attempt to make us feel bad about ourselves.

Don't buy a ticket.

"Remember, no one can make you feel inferior without your consent."

–Eleanor Roosevelt

We must make a conscious effort to decide if we want someone to make us feel bad about ourselves. In most situations, no one is forcing us to buy a ticket. When we buy into what another person is saying, we made a choice to become a passenger.

Refuse to give other people the green light to make you feel bad about yourself. The decision is totally yours.

Avoid toxic people.

"The nobler sort of man emphasizes the good qualities in others, and does not accentuate the bad. The inferior does." — Confucius

Toxic people love to make others feel bad about themselves. And when they succeed in making others feel inferior, it makes them feel superior in return. They meet at the workplace water cooler and at family gatherings so they can share their latest gossip. It is very addicting and easy to get sucked into their tangled webs. Besides, if you are not there to talk about someone else, they may be there talking about you! Mark Twain advised, "Keep away from people who try to belittle your ambitions. Small people always do that, but the really great make you feel that you too can become great."

The emotional roller coaster of other people trying to make us feel bad about ourselves is here to stay. There is no way to escape it entirely. Use the suggestions and quotes that are provided in this article to make your next roller coaster ride a smooth one.

第12章
イディオム

Danny slept like a log.
×ダニーは丸太のように眠った。
○ダニーはぐっすり眠った。

　本章では、前章のレトリックと関連の強いイディオム（成句）を取り扱います。成句には、(1) 慣用句（idioms）と (2) ことわざ（proverbs）があります（宮地裕 1982『慣用句の意味と用法』）。本書では、イディオムと慣用句を互換的に扱い、広義のイディオムにことわざも含めます。組み合わせで慣用的な意味を持つという観点からは、英文法のいわゆる熟語もイディオムの一種といえます。つまり、to set up for ...（～の準備をする）、to look down on ...（～を軽蔑する）など、動詞と前置詞の組み合わせもイディオムの一種と考えます。

　一般的に、イディオムは、慣用句にしてもことわざにしても、その言語の話者の背後にある生活環境や文化が強く影響しています。このため、その言語を母語としない人にとっては理解しにくいことが少なくありません。イディオムを翻訳するときに注意することは、レトリックの翻訳と同じで、英語の表層のことばに惑わされずに意味を考え、表現のしかたは違っても同じ意味を表す日本語表現を探すということです。

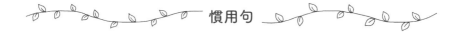

慣用句

まず慣用句ですが、冒頭の例を考えてみましょう。

Danny slept like a log.

　上の例では「丸太のように眠った」とありますが、日本語でこういう表現をしないのは誰にも一目瞭然です。これは文字面だけを見て訳したのではさっぱり意味がわからない例です。log がまったく動かずに、いつまでも横たわっているイメージから生まれた表現であることを考慮し、意味を考えて「ぐっすり眠る」というように訳を工夫する必要があります。慣用句では、文字にとらわれず、意味を考えることが重要です。

イディオムの一般テクニック　文字にまどわされず、意味をしっかりつかむ

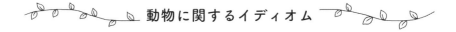

動物に関するイディオム

　人間は古来、農作、酪農、狩猟などで動物、特に家畜と身近に接しながら暮らしてきています。以下のイディオムはわかるでしょうか。

Teddy is as stubborn as a mule.
×テディはラバのように強情だ。
○テディは強情だ。

　この文の意味は「ラバのように強情な」ですが、意味は想像できるとしても、ラバという動物にあまり縁のない日本では使わない表現です。ラバを抜

かして「強情だ」「意地っ張りだ」のように訳すのが妥当でしょう。

　ラバに限らず、動物に関するイディオムは豊富にあります。以下の表で、イディオムと、それに使われる動物、およびその意味を線でつないでみてください。

イディオム	動物	イディオムの意味
be as busy as ＿＿＿ ・	・ a turtle ・	・忙しい
be as happy as ＿＿＿ ・	・ a chicken ・	・幸せな
be as gentle as ＿＿＿ ・	・ a clam ・	・あたふたとした
be as slow as ＿＿＿ ・	・ a lamb ・	・場違いな
like ＿＿＿ out of water ・	・ a bee ・	・おとなしい
like ＿＿＿ with its head cut off ・	・ a fish ・	・遅い

（解答は 154 頁）

ヒント：happy はわかりにくいですね！意外な生物です。消去法でどうぞ。

> **イディオムのテクニック①**
> 日本語のイメージに頼らず、辞書で意味を確認する

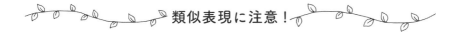

類似表現に注意！

次の文は Ernest Hemingway 著 *The Old Man and the Sea* からの抜粋です。

The old man narrowed his eyes when his grandson said, "Please take me there."
×孫は「そこに連れてって」といった。それを聞いて老人は目を細めた。

　英語で to narrow one's eyes というのは、主体の人物が怒っていることを表します。日本語の「目を細めた」は、愛情を持って見つめた、というほぼ反対の意味になってしまいますから、明らかな誤訳です。to narrow one's eyes に相当する日本語表現としては「眉をひそめる」とか「しかめっ面をする」が適切でしょう。

　○孫は「そこに連れてって」といった。それを聞いて老人は眉をひそめた。

　ことわざにも、注意すべき類似表現があります。

One man sows and another reaps.

　これは、「自分の蒔いた種は自分で刈り取れ」という日本のことわざに似ています。しかし、意味は、「ある人が苦労して作り上げた成果を、他の人が何もせずに自分のものにしていくこともある」であり、全く異なります。
　「自分の蒔いた種は自分で刈ることになる」（自業自得）という意味を持つ英語のことわざは、As a man sows, so he shall reap. です。

スポーツに由来するイディオム

　スポーツは、どの国でも国民レベルで応援するほど人気があります。たとえば、アメリカではアメフト、野球、およびバスケットボールが人気スポーツの３大種目です。日本では野球、サッカー、それに加えて従来からの武道と伝統的な国民スポーツの相撲に人気があります。このように日常生活に深く入り込んでいるスポーツですから、どの文化でもスポーツに由来するイディオムはたくさんあります。次ページの表はほんの一部の例です。英語と日本語で一致する場合はほとんどないため、翻訳の際は、もちろん意味の通る日本語を使いましょう。

スポーツに由来するイディオム	
英語	日本語
The ball is in your court. （テニス：君が決断を下す番だ）	序の口 （相撲：物事の始まりの段階）
Call the shots （ビリヤード：決断を下す）	同じ土俵に上る （相撲：対等な立場で臨む）
Front runner （陸上：勝つことが期待されている人）	軍配が上がる （相撲：勝敗が決まる）
Dark horse （競馬：予想外の実力者、穴馬）	小手調べ （剣道：リスクが少ないことによって 物事を試してみる）
Get off the hook （釣り：責任を逃れる）	揚げ足を取る （柔道：相手の失言や言葉尻をつかま
Go overboard （ヨット：何かを言い過ぎる・やり過ぎる）	えて皮肉ったり言い込めたりする）
Out in left field （野球：まったく的が外れている）	外野は黙れ！ （野球：物事に直接関係ない人は口出 しをするな）
Hit below the belt （ボクシング：不公平または非情なこ とをいう・行う）	滑り込みセーフ （野球：間一髪で間に合う）
Not up to par （ゴルフ：基準に達していない）	全力投球する （野球：最大の努力をする）
	イエローカードを出す （サッカー：警告を与える）

宗教に由来するイディオム

　欧米、および中近東は宗教心の深い人々が多く住んでいます。ご存じの通り、アメリカに最初に植民したのは、イギリスでの迫害を逃れてきた清教徒たちでした。そこから始まったアメリカ文化ですから、宗教がその根底にあるといっても過言ではないと思います。特に、キリスト教圏では聖書に由来する表現が溢れています。日本人には、もちろん欧米人のように「信心深い」人々も多くいますが、むしろ冠婚葬祭のときに宗教の儀式・式典の様式を利用するという人が目立ちます。結婚式は教会、お正月には神社に初詣、

お葬式は仏式などという他宗教の人から見れば世にも不思議なことが行われています。

　理由が信心深さであるにしろ、形式重視であるにしろ、日本にも宗教由来のことばは豊富にあります。次の表は、キリスト教に由来する英語表現と仏教から出た日本語表現のほんの一部です。

宗教に由来するイディオム	
英語（キリスト教に由来するイディオム）	日本語（仏教に由来するイディオム）
The blind leading the blind （マタイ福音書 15:14. 理解していない人が他人に教える） A drop in a bucket （イザヤ書 40:15. ごくわずかな量） Scapegoat （レビ記 16: 9–10. 古代ユダヤで贖罪日に民の罪を負わせて荒野に放たれたヤギ。転じて罪を負わされた人） The root of the matter （ヨブ記 19:28. 問題の根底） Broken heart （詩編 34:18. 失意、傷心）	会うは別れの始め （出会いは別れと一組であるという考え。仏教における「無常」（何事も常ではない）という考えを背景としている。「会者定離」は四苦八苦の一つ） 親の因果が子に報い （親が犯した悪い行いがその子に及び、何の罪もない子供がその報いを受けて苦しむこと。仏教には、以前の善悪が後の結果となるという「因果」の考え方がある） 一蓮托生 （仏教で夫婦などが極楽浄土の同じ蓮の上に生まれ変わること。ここから転じて、最後まで行動や運命をともにすること）

　上の他にも、その他の宗教（神道、ユダヤ教、ヒンズー教、イスラム教など）、ゲーム（囲碁、将棋など）、習慣など、世界の国にはどこでも数え切れないほどのイディオムが存在します。このような表現は、その起点言語の表現の正確な意味を探って確かめることが第一です。その次の仕事が、意味レベルにおいて起点言語に対応する目標言語の表現を見つけることです。

　この段階で、起点言語と似たような言い回しが目標言語に見つかれば運がよいうちに入るでしょう。運がよくなくても、目標言語らしい（我々の場合は日本語らしい）表現で、かつ、等価な表現を探すのが翻訳者の仕事です。

色のイディオムと文化性

色に関するイディオムは、特に評価性との関連が重要です。たとえば、英語で「白」は潔白の意味で、日本語と似たよい意味を表しますが、場合によっては「血の抜けた」という悪い意味も表します。

She is as white as driven snow.（あの子は雪のように純粋だ）
The war bled France white.（フランスは戦争で疲弊した）

日本語の「緑」と英語の green は、植物から転じて、ともに環境を意味します。

a green activist（環境運動家）

また、「まだまだ青いな」といった「年若い」の意味も日英共通ですね。なお、「青々と繁る」というように、日本語の「青」は古来、緑の意味範囲もカバーしていました。

an aged man still green in spirit（気持ちはまだ若々しい老人）
as green as grass（世間知らずな、青二才の）

しかし、英語の green には「蒼白」に関連して嫉妬などの激情を表すネガティブな表現もあります。

a green eye（嫉妬の目つき）
be green with envy（ひどくうらやんでいる）

こういった文化的イディオムに関しては細心の注意が必要です。勝手に解

釈しないで、辞書などでよく確認しましょう。

透明なイディオムと不透明なイディオム

イディオムには、意味のわかりやすいものとわかりにくいものがあります。意味のわかりやすいイディオムを透明なイディオムといいます。

bell the cat（猫の首に鈴をつける（→無理な任務をこなす））
let the cat out of the bag（秘密を漏らす）

これらのイディオムは、考えれば何とか想像がつきます。ところが、次の2つのイディオムはどうでしょうか。

have a cow（気が立っている）
kick the bucket（死ぬ）

この2つは、意味を聞いてもどうしてそうなるのかわかりかねます。こういったイディオムを不透明なイディオムと呼びます。have a cow というのは、人間が牛を産むかのごとく大騒ぎすることから「怒る」の意味が生じるという説、kick the bucket というイディオムは、首つり自殺をするときにバケツ（bucket）の上に乗り、首をロープにかけてからバケツを蹴飛ばしたという説がありますが、信ぴょう性のほどは定かではありません。

イディオムの多くは、透明なイディオムと不透明なイディオムの中間になります。下の2つの表現は、見ただけで意味はわかりにくいかもしれません。

in a nutshell,（つまり）
a halfway house（出所した人などが短期間を過ごす社会復帰施設）

しかし、その理由に納得がいけば忘れにくいのではないでしょうか。

in a nutshell,
((木の実の殻に入っているように核心部分を）小さくまとめていうと）

a halfway house
（刑務所などから一般社会へという「更生の道のり」の中間地点にある施設）

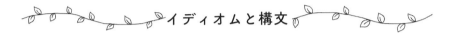

イディオムと構文

　As for ...（～については）、On ...ing（～するに当たって）など、空所のあるイディオムもあります。このように考えていけば、文法もイディオムと連続的に捉えることができます。これらの構文には多くの種類がありますが、ここでは tough 構文と way 構文の 2 つを紹介します。

John is tough to please.
ジョンの機嫌を取るのは難しい（ジョンは気むずかしい）

This dishwasher is easy to use.
この食器洗い機は使いやすい

　〈名詞句＋be 動詞＋形容詞＋to ＋動詞〉（N be A to V）の形式は tough や dif-ficult, easy といった難易を表す形容詞が使用されることから、tough 構文と呼ばれます。この英文の解釈は次の英文に近いです。

It is tough to please John. / To please John is tough.
ジョンの機嫌を取るのは難しい。

It is easy to use this dishwasher. / To use this dishwasher is easy.
この食器洗い機を使うのは簡単だ。

これらの文は、N be A to V というパターンの文法的イディオムと考える
ことができます。別の例を見てみましょう。

Mary pushed her way through the crowd.
メアリーは群衆の中を押しながら進んだ。

Charlie joked his way into a prestigious social club.
チャーリーはジョークが上手で、それを使って一流社交クラブに入ること
ができた。

この文は V one's way PP（PP は移動の前置詞句）という形式のイディオ
ムで、way 構文と呼ばれています（Adele Goldberg, 1995 *Construcitons*）。こ
こでは、V しながら、PP の道を進んだといった意味になります。Charlie の
例文では PP への道が物理的な移動ではなく、あるクラブに入るという社会
的ステータスの変化、つまり、メタファー的な移動に使用されているのが面
白いですね。

このように、構文も文法的イディオムと考えることができ、通常のイディ
オム同様、慣用的な意味を知らなければ曖昧な訳になってしまったり、誤訳
になってしまったりすることになりますので注意しましょう。

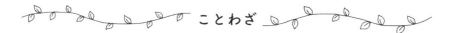

ことわざ

ことわざも、翻訳のしかたはイディオムと同様です。英語と日本語のこと
わざを比べてみると、1. 日本語と英語で形式も意味もほとんど同じもの、2.
形式は違うが意味はほとんど同じもの、3. 形式は似ているが意味が異なる
もの、および 4. 対応することわざがないものに分類できます。

1. 日本語と英語で形式も意味もほとんど同じことわざ

Which came first, the chicken or the egg? ＝鶏が先か卵が先か（どちらが原因でどちらが結果か）

A rolling stone gathers no moss. ＝転石苔をむさず

Walls have ears. ＝壁に耳あり

Like father, like son. ＝この親にしてこの子あり

2. 日本語と英語で形式は違うが意味がほとんど同じことわざ

Don't count your chickens before they hatch. ＝捕らぬ狸の皮算用

A good horse doesn't become a jade. ＝腐っても鯛

Like water off a duck's back. ＝蛙の面に小便、ぬかに釘

There is no accounting for taste. ＝たで食う虫も好き好き

No pain, no gain. ＝虎穴に入らずば虎子を得ず

When in Rome, do as the Romans do. ＝郷に入れば郷に従え

3. 日本語と英語で同じような形式でも意味の異なることわざ

A bird in the hand is worth two in the bush. ≠一石二鳥

Every dog has his day. ≠犬も歩けば棒にあたる

　「手の中にある一羽の鳥は藪の中の二羽の鳥より価値がある」という意味ですから、一石二鳥のむしろ反対です。

　英語は「誰にもよい時はあるもの」という意味ですが、日本語の「犬も歩けば棒に当たる」は、「犬がうろつき歩いていると、人に棒で叩かれるかもしれない」「でしゃばると災難にあう」というのが本来の意味です。この観点からは英語と日本語は反対の意味です。ただし、「犬も歩けば棒に当たる」は、現在では何かをしているうちに思わぬ幸運に遭遇するという意味もあります。

4. 日本語と英語で対応するものがないことわざ

　ことわざもイディオムと同様、それぞれの文化に深く根づいているため、その大半は2つの言語間で対応するものがないと考えても差し支えないと思います。

　このように、イディオムにはおびただしい数があること、またその種類もさまざまで、上の日英の諸例で見たように、文字面から文字面へ機械的には変換できないことがよくおわかりいただけたと思います。変換、つまり翻訳する際は、どのようにして同じ意味を保持し、同時にどのようにして目標言語として自然な文にするかが、翻訳家の腕にかかっています。

練　習

次の英文を訳してみましょう。

1.　Casting pearls before swine.
2.　Two heads are better than one.
3.　Ruthie spilled the beans to me about the whole thing.

（145 ページの解答）

イディオム	動物	イディオムの意味
be as busy as ＿＿＿	a turtle	忙しい
be as happy as ＿＿＿	a chicken	幸せな
be as gentle as ＿＿＿	a clam	あたふたとした
be as slow as ＿＿＿	a lamb	場違いな
like ＿＿＿ out of water	a bee	おとなしい
like ＿＿＿ with its head cut off	a fish	遅い

次の英文を訳してみましょう。

1. "I was fired, my girlfriend broke up with me last night, and now I've lost my wallet... when it rains, it pours!"

2. In a nutshell, plan your goals in a 12-week year rather than a 12-month one.
   ヒント：12-week year というのは現実には存在しないですね。

3. Like birds of a feather, similar companies tend to flock together.

4. By the way, you know, people in glass houses shouldn't throw stones. Take care of your business and we'll take care of ours.

5. Cathy rested for a moment, then inched her way along the bottom of the ditch, away from the car.

6. He flew off the handle easily but generally he would return to his normal state of complacency after a few brief moments.

7. She knew she had a tendency to bluntness; it seemed the fastest way to deal with questions. After all, why beat around the bush? She lifted her gaze to find him studying her. "Is that a bad thing?" she asked.
   ヒント：After all, why beat around the bush? というのは彼女の心の声です。
   　　　　次の文章では順行訳も使えますね。study は「勉強する」ではないです。

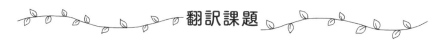

Ex-Hooker Might Become a City Supervisor

　全文を読んで枠内のみを訳してください。さて、セント・ジェームズ氏は好調なのでしょうか、そうではないのでしょうか。基調を理解し、訳をそれに合わせて解釈してください。最初の部分には話法で習得した技術が使えますよ。

　ヒント：hype とは、real と対比されて、過剰な評判という意味です。中身がないのに周りが「すごいすごい」と騒いでいるような状態ですね。

When San Francisco's favorite ex-hooker, Margo St. James, announced she was running for the Board of Supervisors a couple of months back, most insiders laughed and quickly dismissed her as the latest in the city's long line of kook candidates.

　Sister Boom-Boom, Jello Biafra, and now Margo St. James. No one is laughing anymore. Much to the chagrin of the city's political establishment, early poll numbers have shown St. James with 21 percent of the vote, putting her dead even with most of the "serious" candidates, including Mayor Willie Brown's two board appointees, Michael Yaki and Leslie Katz.

　"Now I'm out of the gate," St. James said, "and it's too late." To St. James, the poll numbers are a sweet "in your face" to all those who wrote her off as a joke. To nervous candidates and campaign managers, however, the polls are a wake-up call to two facts they'd been trying to downplay for months: A) that most of the "serious" candidates running this year are weaker than anyone wanted to admit, and B) that in San Francisco, name ID can still make or break a candidate. And if there is one thing the 59-year-old St. James has plenty of, it's name ID. Her days as head of the hookers' union COYOTE may have been heavy on hype, but they put her right up there with Coit Tower as a San Francisco fixture.

"If there is one thing that sets Margo off from most of the others in the race, it's that she has what you call 'San Francisco' character," says booster Alan White. "It's not like running for office in Fremont or San Leandro. People here want their candidates to have a sense of the city."

Plus, unlike Boom-Boom or Biafra, St. James has some very interesting endorsements, such as poet Lawrence Ferlinghetti, state Assemblyman John Burton, Mayor Willie Brown and the Harvey Milk Lesbian/Gay/Bisexual Democratic Club.

Skeptics still dismiss St. James as a fluke and predict her 21 percent showing in the polls will drop like a rock as election day nears. "A fluke? Well, so was Albert Einstein," replies St. James.

There are six seats up for grabs among 28 candidates this November. Margo and Co. are banking that voters might use one of their six picks on the ballot for fun — in this case, Margo St. James.

(Phillip Matier, Andrew Ross. "MATIER & ROSS -- Ex-Hooker Might Just Win Her Way to S.F. Supervisor Seat." *SFGATE*, October 2, 1996, https://www.sfgate.com/bayarea/matier-ross/article/ MATIER-ROSS-Ex-Hooker-Might-Just-Win-Her-Way-3319388.php, Accessed 14 February 2020.)

果てしなき挑戦

飯田伴子（字幕翻訳家）

字幕翻訳を中心に、さまざまな分野の翻訳をてがけてきたが、翻訳家になろうとこどもの頃から夢見てきたわけではなかった。なにか手に職をつけようと通った翻訳学校で翻訳という世界の奥深さを知り、どっぷりつかってしまったというわけだ。翻訳は、外国語がちょっと得意だからできるというものではなく、学校で学んできたいわゆる和訳とは、まったく違うものだった。

字幕翻訳の場合、画面に出ているあいだに視聴者が読み切れる字幕でなければ意味がないので、通常"セリフ1秒に字幕4文字"という字数制限がある。たとえば英語のセリフを日本語字幕にする場合、英語の情報量の3分の1程度しか訳出できないと言われているのは、このためだ。He went to New York yesterday. というセリフの場合、字幕として訳出すべきは He なのか New York なのか yesterday なのか、あるいは went to かもしれない。情報の取捨選択を迫られる。伏線となるセリフを見落とすことなく、脚本の意図を正しく理解する力が必要となる。

だが外国語の読解力だけでは翻訳は成り立たない。日本語字幕の制作は日本語を書く仕事なのだから、むしろ日本語力が要求されるといっても過言ではない。日本語がいかに難しい言語なのか、私はこの仕事に携わるようになって思い知らされた。主人公の"I"を「俺」にするのか、「ぼく」か「私」か。その判断ひとつでストーリーのイメージが大きく変わってくる。日々、日本語との格闘である。これまでの読書量がものを言うわけだが、日々、人の話す言葉、画面や紙面に書かれている言葉にも敏感

であるよう心がけている。

私は仕事を請ける際に特にジャンルを限っているわけではないので、自分の得意な分野の作品にあたるとは限らない。視聴者としてはホラーが苦手でも、仕事となれば、美女がチェーンソーで切り刻まれる画面を深夜の密室で食い入るように見つめることとなる。

なじみのない分野の専門用語が要求されるシーンもある。コックピットの機長と管制官の会話だったり、手術室のドクターとナースの会話だったり。正しく専門用語を駆使しないと、その分野の方の失笑を買うことになりかねない。私自身は限られた経験と知識しか持ち合わせていないので、とにかく、くわしい方に教えをこう。友人の友人にお願いしたり、見ず知らずの方に連絡させて頂いたり。そうやって教えて頂いたことで自分の知識が増えていくのは、大きな喜びとなっている。こうした"知識欲"は、翻訳者には欠かせないものであろう。

映像翻訳の勉強を始めたころに恩師に繰り返し言われたことを、今も鮮明に覚えている。「20年そこそこ生きてきたぐらいで、映画1本訳せると思うな」

つまり、自分の人生経験が豊かになればなるほど、いい翻訳ができるということであろう。辛い喪失感も、涙があふれるほどの喜びも、自分の経験の積み重ねによって言葉での表現に磨きがかかっていく。翻訳の勉強にゴールはなく、果てしなき挑戦は今も続いている。

いいだ ともこ…名古屋市出身。大学卒業後、秘書、在日大使館勤務などを経て翻訳者に。字幕翻訳を中心に、出版翻訳、実務翻訳など多岐にわたる分野の翻訳をてがける。

Stay seated on the toilet to activate the cleansing water.

×洗浄水を起動するために、トイレに座ったままでいてください。
○便座に座らないと洗浄水は流れません。

　標題の英語は肯定文ですが、日本語では否定文になっています。それでも意味は元の英語と等価で自然な表現です。このように、英語と日本語の表現には、肯定文と否定文がひっくり返るものがよくあります。

　似たような例として、この前、新幹線をホーム（英語では track と呼びます）で待っていたときに聞いたアナウンスをご紹介します。

　ただ今参ります電車は、折り返しのため車内清掃を行います。すぐご乗車にはなれません。

　アメリカには、日本ほど発達した鉄道網はありませんが、それでも一応、「細々と」鉄道システムが存在しています。そういったシステムの駅のホームでは、多分、こんなアナウンスがあると思います。

The approaching train will be cleaned before departing in the reverse direction. Please wait on the trackside until the cleaning is finished.

　上の例では、「乗車できない」という日本語の否定と「（乗車の準備ができ

るまで）wait」という英語の肯定が等価な表現として使われています。皆さんも、駅やホテルをはじめ、公共の場所で英語と日本語を見たら、否定と肯定の表現について考えてみてください。

　ある言語が「否定（または肯定）表現を好む」とはどういうことか、というのはここでは深く追求はしませんが、英語の肯定表現を日本語では否定表現で表した方がすっきりすることは頻繁にあるようです。

I Just Wanted to Be Sure of You

　A. A. Milne の名著 *The House at Pooh Corner*（邦訳版『くまのプーさん プー横丁にたった家』）に、次のくだりがあります。

Piglet sidled up to Pooh from behind. "Pooh!" he whispered. "Yes, Piglet?"
"Nothing," said Piglet, taking Pooh's paw.
"I just wanted to be sure of you."

普通に和訳してみると、だいたい次のようになるでしょう。

ピグレットは後ろからそっとプーに近寄り、「プーさん！」とささやいた。「何？」ピグレットはプーさんの手を取ってこう言った。「何でもないの。プーさんがいるっていうことを確かめたかっただけ。」

　一見、普通の訳ですが、英語と日本語のお互いに対応する下線部に注目してください。英語の be sure という肯定形に対応して、日本語訳も「いる」という肯定形になっています。ここで、英語の I just wanted to be sure of you. をかみ砕いて他の肯定表現にしてみると、次のようになります。

I just wanted to make sure you were with me.

上の下線部をあえて否定形を使って表現してみると、次のようになるで
しょう。

I just wanted to make sure you <u>were not</u> going away from me.

　両方とも文法的に正しい英語ですが、英語の感覚からすると、最初の方が
自然な表現です。つまり、英語では、be sure にしても were with ... にして
も、肯定表現の方が自然な表現ということになります。
　これに対して、日本語はどうでしょうか。I just wanted to <u>be sure of you</u> の
部分の日本語訳として、英語の場合のようにかみ砕いて訳し、それをあえて
否定形を使った訳と並べると、次のようになるでしょう。

　プーさんがちゃんと<u>ここにいる</u>っていうことを確かめたかっただけ。
　プーさんが<u>いなくなったりしない</u>っていうことを確かめたかっただけ。

　ここで理解してほしい重要な点は、肯定と否定の2つの発想が、微妙な
がら大きく異なるニュアンスを含んでいるということです。難しい文章に出
合って訳に困ったら、ひっくり返して否定文を使ってみるのも翻訳のテク
ニックの1つです。

> 否定のテクニック　難しい文では肯定・否定の逆転の発想

否定疑問と肯定疑問

　ある書店で辞書を売っているかいないかを客が店員に聞いている場面です。

<u>Do</u> you carry dictionaries?
<u>Don't</u> you carry dictionaries?

　辞書を売っているかどうかを聞く場合、英語では必ず肯定文を使います。<u>Don't</u> you carry dictionaries? という否定文を使うと、「（書店というのは辞書を売っているのが当然なのに、この店では）辞書を売っていないんですか」という、強い批難のニュアンスが入った意味に変わってしまいます。それに対して、日本語では「辞書は売って<u>います</u>か」（肯定）と「辞書は売って<u>いませんか</u>」（否定）の両方が考えられます。

　英語の肯定表現は常に日本語の否定表現にして訳さなくてはならないというルールはどこにもないし、また必ずしも成り立たないと思います。ただ、英日翻訳の実務では、英語の肯定表現が日本語の否定表現に対応することが多いということを念頭に置いておくことが大切です。

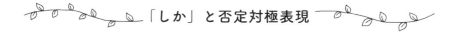

「しか」と否定対極表現

　以下に示すように「しか」は、肯定文には使えません。

○山田さんはパン<u>しか</u>食べない。
×山田さんはパン<u>しか</u>食べる。

　つまり、「しか」は否定と呼応しています。このような否定形やそれに類する状況でのみ使える表現は言語学の用語で否定対極表現（Negative Polarity Item: NPI）と呼ばれています。「しか」を使う日本語に対応する英語表現には、just、only、but などがあります。訳としては「だけ」も使えますが「しか」を使うことも必ず検討してみましょう。

Just you and me, baby.
君と僕しかいないよ。

Max and Caroline just had 20 bucks.
マックスとキャロリンは 20 ドルしか持っていなかった。

He calls his mother only when he needs money.
彼は金をねだる時しかおふくろに電話しない。

He is the only person who can complete this job.
この仕事を最後までやり遂げられるのは彼しかいない。

There is but one road through the village.
村を通る道はひとつしかない。

There is but one rule.
そこには 1 つのルールしかない。

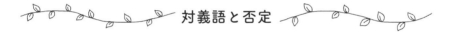

対義語と否定

対義語には、段階的対義語と非段階的対義語があります。

big–small、long–short、rich–poor などのペアは段階的対義語です。これらは、両者を対極とし中間段階が連続的に存在する軸を形成していて、一方の否定は、必ずしも他方を意味しません。

Eli's not big.（イーライは大きくない）≠ Eli's small.（イーライは小さい）
Her hair is not long.（あの子は髪が長くない）
　　　　　　　　≠ Her hair is short.（あの子は髪が短い）

これに対して、single–married、dead–alive、open–closed、（野球の）fair–foul などは、非段階的対義語です。これらは、原則的に中間の存在がなく、一方を否定すると他方であることが推定されます。

Tom is not married. （トムは結婚していない）
$\qquad$ ＝Tom is single. （トムは独身だ）
The store is not open. （その店は開いていない）
$\qquad$ ＝The store is closed. （その店は閉まっている）

　否定の技術を使う場合には、原文の意味から変わってしまっていないか、ニュアンスを十分確認する必要があります。

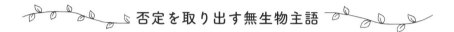

否定を取り出す無生物主語

　7章［無生物主語 II］で見たように、prevent、stop、block といった妨害の動詞の無生物主語を処理すると訳文に否定が登場します。

Ali's pending court case <u>prevented</u> him from leaving the country.
訴訟がまだ終わっていなかったので、アリは国を離れることができ<u>なかった</u>。

The law will <u>stop</u> the guilty from using time to avoid the death penalty.
この法律のために、犯罪者は、時間稼ぎして死刑を免れることができ<u>なく</u>なります。

The signboard <u>blocks out</u> the view.
看板で景色が見え<u>ない</u>。

　無生物主語を中心に、否定が出やすい動詞を表にまとめました。

動詞の意味グループ	英語動詞の例	文例
抵抗	defy, resist, challenge	The insect discovered last week **defies** classification. 先週発見された昆虫は（従来の方法では）分類でき<u>ない</u>。
自重	abstain (from), refrain (from)	I tried to **refrain** from bragging about my son. 息子を自慢し<u>ない</u>ように努めた。

阻止	deter, dissuade, discourage	All these terrorist attacks are **discouraging** many people from going on a trip. テロ行為がこのように多発しているので、旅に出ようという気がし<u>なく</u>なる人が多い。
妨害	block, interrupt, intercept, obstruct	We installed a fence to **block** our nosy next-door neighbor's view. 塀を建てて、詮索好きの隣人に我が家を見られ<u>ない</u>ようにした。
防止	prevent, avoid, preclude	The medical team did their best to **prevent** the infectious disease from spreading further. 医療団は、その感染病がそれ以上拡がら<u>ない</u>ように最大の努力を払った。
禁止	forbid, prohibit, ban	The mother **forbade** her child to use obscene language again. お母さんは汚いことばを2度と使わ<u>ない</u>ようにと子供に言いつけた。
拒絶	repel, reject, refuse, rebuff, decline, dismiss	Some religious people **reject** the Darwinian theory. 宗教を信じている人の中には、ダーウィンの進化論を受けつけ<u>ない</u>人もいる。
抑制	control, inhibit, suppress, repress, subdue	Gauze pads **inhibit** the adhesion of an abscess to the skin. ガーゼを使うと膿が皮膚に付着し<u>ない</u>ようになる。
介入	intervene, interfere (with)	Excessive smoking may **interfere** with proper absorption of nutrients. タバコを吸いすぎると、栄養が適切に吸収され<u>なく</u>なる恐れがある。
断念	relinquish, forgo, forsake, resign, abandon	The senator decided to **forgo** a presidential campaign. 上院議員は大統領選挙戦に出馬し<u>ない</u>ことにした。
遅延	defer, postpone, delay, suspend, stall, retard	This drug **retards** abnormally fast growth of limbs in adolescents. この薬には、成長期の人の手足が異常に速く成長し<u>ない</u>ようにする働きがある。
不履行	fail (to), neglect	He **failed** to abstain from luxuries. 贅沢せずにはいられ<u>なかった</u>。

All

　肯定文で使われている英語の数量詞 all には、日本語で否定形を用いるのが自然な場合があります。例を検討してみましょう。

That's all I know.
それしか知ら<u>ない</u>。

A couple of hundred dollars was all he had when he set out on a trip.
彼が旅行に出かけたとき、所持金は数百ドルしかなかっ<u>た</u>。

All we can do is pray now.
今となっては、私たちにできるのは祈ることしか<u>ない</u>。

否定的前置詞

　without は否定的意味を持つ前置詞のわかりやすい例ですが、そのほか、off、over、above、against、out of など、除外や超越の意味を持つ前置詞は、否定を使って訳すのが適切な場合があります。

He came without an umbrella.
ヤツは傘を差さ<u>ない</u>できた。

Keep off the grass.
芝生に入ってはいけ<u>ません</u>。（芝生立ち入り禁止）

Over my dead body!
（私の死体を超えていけ）→死んでも許さ<u>ない</u>！

His conduct is above suspicion.
あの人の行動は（りっぱで）疑う余地も<u>ない</u>。

It's against my nature to do that.
私はそんなことできない性分なんで。

Stay out of my private life.
私の私生活に立ち入らないで。

この他、否定形を使ったいわゆる熟語が、日本語には多くあります。その一部を以下に示します。

〜とは限らない　　　　　　　　〜になりかねない

〜とはいえない　　　　　　　　〜をしかねない

〜といえないこともない　　　　〜どころではない

しかたがない　　　　　　　　　おぼつかない

〜はなきにしもあらずだ

練　習

次の英文を訳してみましょう。

1.　The new artificial salt resists dissolution in water.

2.　（旅行などの出発の時）Have you got everything?

3.　You are the last person I expected to meet here.

演　習

トレーニングとして 1 問につき、必ず 1 つは否定形を使用して訳してください。日本語訳の否定の部分に下線を引いてください。

1. Jason came out of a traffic accident absolutely free of bruises.

2. （就職面接で給与の話になったときの面接官の発話）
   The most I can offer you is $2,000 a month.

3. Some people dismiss the social media as a mere fad.
   ヒント：数量詞処理もお忘れなく。

4. The new house built next to ours last month is so tall that it obstructs the nice views we used to enjoy.

5. The company's marketing division tried all means possible to deter the competition from entering the market.

6. Their excitement and enthusiasm about learning and engagement in literacy activities made teaching easier because they were motivated to learn beyond the school environment.
   ヒント：literacy activities は、「リテラシー活動」。どこに否定を使用したらよいでしょうか。また、無生物主語もありますし、長いのでどうしますか。

7. These days, cell phones allow us to communicate with friends and family independent of our locations.

翻訳課題

The Mirror System

　脳神経科学の進展の一助となった画期的な発見、ミラーニューロンに関する記事です。全文を訳してください。下線部は否定で訳してほしい部分、点線部は否定で訳すことも可能な部分です。肯定文の英文を否定に和訳した部分に下線を引いてください。

　[...] mirror neurons〜just begun の部分は引用です。引用の表記の方法はいくつかありますが、地の文との区別がはっきりつくことが重要です。ここでは、引用文全体を右に2〜3文字分下げます。

　文章の後に訳語リストがありますから、先に確認してください。

A mirror neuron is a neuron that fires both when an animal acts and when the animal observes the same action performed by another. Thus, the neuron "mirrors" the behavior of the other, as though the observer were itself acting. Such neurons have been directly observed in primate species. Birds have been shown to have imitative resonance behaviors and neurological evidence suggests the presence of some form of mirroring system. In humans, brain activity consistent with that of mirror neurons has been found in the premotor cortex, the supplementary motor area, the primary somatosensory cortex and the inferior parietal cortex.

　The function of the mirror system in humans is a subject of much speculation. Some researchers in cognitive neuroscience and cognitive psychology consider that this system provides the physiological mechanism for the perception/action coupling. They argue that mirror neurons may be important for understanding the actions of other people, and for learning new skills by imitation. Some researchers speculate that mirror systems may simulate observed actions, and thus contribute to theory of mind skills, while others relate mirror neurons to language abilities. Neuroscientists such as Marco Iacoboni (UCLA) have argued that mirror neuron systems in the human brain help us understand the actions and intentions of other people. In a study published in March 2005 Iacoboni and his colleagues reported that mirror neurons could discern whether another person who was picking up a cup of tea planned to drink from it or clear it from the table. In addition, Iacoboni has argued that mirror neurons are the neural basis of the human capacity for emotions such as empathy.

However, there are scientists who express skepticism about the theories being advanced to explain the function of mirror neurons. In a 2013 article for *Wired*, Christian Jarrett cautioned that:

> [...] mirror neurons are an exciting, intriguing discovery – but when you see them mentioned in the media, remember that most of the research on these cells has been conducted in monkeys. Remember too that there are many different types of mirror neuron. And that we're still trying to establish for sure whether they exist in humans, and how they compare with the monkey versions. As for understanding the functional significance of these cells ... don't be fooled: that journey has only just begun.

To date, no widely accepted neural or computational models have been put forward to describe how mirror neuron activity supports cognitive functions. The subject of mirror neurons continues to generate intense debate.

("Mirror neuron." *The free encyclopedia, Wikipedia*,
https://en.wikipedia.org/wiki/Mirror_neuron. Accessed 14 February 2020. 一部改変)

premotor cortex: 運動前野　　supplementary motor area: 補足運動野
primary somatosensory cortex: 一次体性感覚野　　inferior parietal cortex: 下頭頂野
perception/action coupling: 知覚と行為のカップリング(行為と視覚などの知覚が緊密に
　　　　　　　　　　　　　　連携しているという考え方)
simulate: シミュレーションする
theory of mind: 心の理論(他者の視点を取れる能力で 4 歳前後に獲得される)

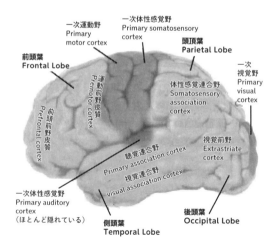

大脳の機能分化 (Carlson 2009, 泰羅他訳 2010: 87)

第14章
「は」「が」構文

Annie has no worries.
×アニーは悩みを持っていない。
○アニーは悩みがない。

　ここまで、英語のパターンを見て、対応する日本語に訳す技術を習得してきました。しかし、2つの言語にはそれぞれ特有の統語パターンが存在します。そこで、本章では、英語にない日本語特有のパターン、『「は」「が」構文』を例に取り上げ、このパターンに当てはまる英語表現を検討します。

「は」と「が」

　英語で主語といえば1つですが、日本語では、主語に近い概念に、「主題」の「は」と主格の「が」があります。まず、「は」と「が」の基本的な意味を久野 暲『日本文法研究』（1973: 27–28）を中心に紹介します。

　まず、「は」の典型的な使い方は次のような例に見られます。

　太郎は学生です。

　「は」が使用される文の述語は、性質、属性、役割などを表す場合が多いです。1人称は多くの場合、「は」とともに使用されます。さらに、すでに登場したものを表す場合にもよく「は」が使用されます。まとめると、「は」

の典型的な使用法としては以下があります。

　・性質、属性、役割などを表す
　・1人称
　・すでに登場したもの

「が」の典型的な使い方は次のような例に見られます。

　雨が降っています。

「が」は、何か出来事が起きたときに使われることが多く、眼前描写の場合には「が」になります。「が」の典型的な使用法には以下があります。

　・出来事を表す
　・眼前描写的

「が」は格助詞とよばれ、主に動作主（行為の主体）の標識です。「を」「に」「で」などと共に使用されます。

　鳥が飛ぶ
　燕がミミズを食べる
　雀が電柱によくとまる
　カワセミが浅瀬で遊んでいる

一方、「は」は取り立て助詞と呼ばれ、「が」の代用をします。

　鳥は飛ぶ
　燕はミミズを食べる
　雀は電柱によくとまる
　カワセミは浅瀬で遊んでいる

また、「が」だけでなく、「を」や「に」も代用できます。「で」や「から」などの場合は、その後ろに付きます（この場合、先頭に来ないと違和感が生じるようです）。

　ミミズは燕が食べる（「を」の代用）
　電柱（に）は雀がよくとまる（「に」の代用または「に」に付加）
　浅瀬では、カワセミが遊んでいる（「で」に付加）

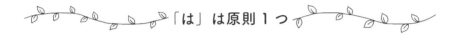

「は」は原則 1 つ

　「鳥が飛んだ」など、眼前の描写や上記のような出来事の描写の場合、「は」は必要ありません。しかし、出来事を表す文章以外の場合、「は」がないと座りが悪い場合がよくあります。知識を述べる際や、前後とのつながりを述べる際には、「は」があると文章が落ち着きます。
　7 章［無生物主語 II］の課題には、次のような英文がでてきます。

The year 1973 brought an end to the era of secure, cheap oil.
1973 年に安い石油が確実に手に入る時代が終わった。

この文章も 1 つ「は」が入ると、言いたいことが明確になります。

○ 安い石油が確実に手に入る時代は、1973 年で終わった。
○ 1973 年は、安い石油が確実に手に入る時代の終焉であった。

逆に、「は」が 2 つ以上入ると、理解しにくい文章になる傾向があります。

×1973 年は、安い石油は確実に手に入る時代が終わった。
×1973 年には、安い石油が確実に手に入る時代は終わった。

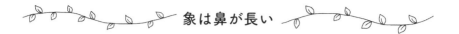

「は」の用法で有名な例文は「象は鼻が長い」です（三上章 1960『象は鼻が長い』）。「は」と「が」が一緒にでてくるこのパターンは日本語で頻繁に使われていますが、英語に対応するものがありません。逆にいうと、「は」「が」構文を使用して訳せば日本語らしくなる英語表現があるということです。

まず、「は」「が」構文を英語に直すとどうなるか考えてみましょう。この文は、特定の象について話しているのではなく、象という種一般に関して述べているので、単数形、複数形、および the を使った形の 3 種類の構造が考えられます。

象は鼻が長い。

Elephants have a long trunk.

An elephant has a long trunk.

The elephant has a long trunk.

これらの文章では、〈象〉と〈鼻〉という〈全体〉と〈部分〉の関係が、have（has）を使用した所有関係に置き換えられています。ここからさかのぼって考えれば、have に代表される英語の所有関係は、「は」「が」構文で訳せる可能性があるということです。

なお、「は」が最初にきて、「が」が 2 番目にくるものを「は」「が」構文と呼び、「が」…「は」…の順番の文は、「は」「が」構文とは呼ばないことにします。

「は」「が」構文の一般テクニック　日本語らしいパターンに当てはめる

have 動詞を「は」「が」構文で訳す

　英語の have (has) の意味には、実際に手に持っていること以外に、所有
関係があります。この場合、「は」「が」構文が使用できる可能性がありま
す。以下の例を見てみましょう。

Jerry has no friends.
ジェリーは友だちがいない。
Samantha has three children.
サマンサは子供が 3 人いる。
Sally has blue eyes.
サリーは目が青い。
Hokkaido has no rainy season.
北海道は梅雨がない。
Japan has the longest life expectancy in the world.
日本は、平均寿命が世界最高だ。

> 「は」「が」構文のテクニック①　所有の have には「は」「が」構文を試す

所有格を「は」「が」構文で訳す

　英語には、所有関係を表す別の方法として所有格があります。これも「は」
「が」構文で訳せる可能性があります。その際の訳し方には 2 通りが考えら
れます。

1. そのままの順序で、「は」「が」を使えばいいもの

Saori's English is excellent.
沙織は英語がとてもうまい。

My father's voice is incredibly loud.

私の父は声が異様に大きい。

Your sister's eyes are blue, aren't they?

君の妹は目が青いよね？

2. 順序をひっくり返す必要があるもの

The new president's selling point is his smile.

新しい大統領は笑顔がウリだ。

Tom's strength is as an articulator of ideas.

トムは、アイデアを明瞭に伝えられるのが強みだ。

「は」「が」構文のテクニック②　所有格には「は」「が」構文を試す

動詞 + -er を「は」「が」構文で訳す

　動詞の原形に接辞 -er を付けると、動詞の表す動作をする人やものを表す名詞になります。たとえば、walker は「歩く人、歩行者」、driver は「運転する人、運転手」などとなります。ところが、次の文はどうでしょうか。

I am a slow writer; it takes me half a day to finish a short letter to my own parents.

　これを昔の公式に従って「私は遅い文筆家です」「私はのろい書き手です」などとしたら、翻訳としては不自然でいただけません。だいたい「文筆家」というのは職業ですが、文脈からここでの意味は職業でないことがわかります。両親に短い手紙を書くのでさえも半日かかる、というのですから、文章を書くことを職業としている人とは限りません。要するに、この文は「書く作業が遅い」という意味ですから、ここでは writer という名詞から to write という動詞を引き出し、「は」「が」構文を使って「私は書くのが遅い」とす

れば、意味がはっきり出てきます。

　同様に、He is an excellent scuba diver. は「彼は優秀なスキューバダイバーだ」とするより「彼はスキューバダイビングが上手だ」とした方が日本語として自然です。また、-er または -or が付いていない動作主もありますからご注意。たとえば次のような文です。

She is a happy secretary.
彼女は秘書の仕事が気に入っている。
The 5-year-old is an awkward bicyclist.
この 5 才の子は自転車に乗るのがおぼつかない。

「は」「が」構文のテクニック③　動詞 +er には「は」「が」構文を試す

時を表す表現を「は」「が」構文で訳す

　また、時を表す節や句は文の前方に置かれる場合が多く、そのときも「は」「が」構文が役立ちます。

This year, my income dropped.
今年は所得が下がった。
During a hurricane, most stores stay closed.
ハリケーンが来ている間は、店じまいにしているところがほとんどだ。

　文脈によっては、時を表す節や句が後ろにあっても「は」「が」構文で訳すことが可能です。

My income dropped this year.
今年は所得が下がった。

Most stores stay closed during a hurricane.
ハリケーンが来ている間は、店じまいにしているところがほとんどだ。

形容詞を「は」「が」構文で訳す

11章［レトリック］で紹介したように、形容詞も「は」「が」構文で訳すと有効な場合があります。

Brady is warm-hearted.
ブレディは心が温かい。
Nicola is curious.
ニコラは好奇心が旺盛だ。
Fran is creative.
フランには創造力がある。

このように所有（have動詞、所有格）、動詞＋er、時間表現、形容詞など、さまざまな英語表現の訳として「は」「が」構文が使えますから、ぜひ検討に加えてください。

練　習

次の英文を訳してみましょう。
1.　This room has no windows.
2.　"Arabesque" has many meanings.
3.　Mr. Tanaka is a quick learner.

演 習

　次の英語を「は」「が」構文を使って和訳してください。「は」と「が」の
それぞれに下線を引いてください。また、「は」「が」構文では、「は」が最
初にきて、「が」が2番目にくることにも留意してください。

1. Marie Deichmann was a very good singer by amateur standards.

2. Multimedia will have a positive effect on learning and understanding new material.

3. Our main selling point is you, your geo-engineering experience.

4. Papiernik's expertise is on pesticide movement in soil and water.

5. Brett was not a particularly fast runner, but he slammed 20 triples in 1979, then hit .390 the following year.
   ヒント：野球選手の話です。

6. （チューター（個人指導の講師）の語学力が生徒に与える影響を調べる実験に関して）
   Tutors in the experimental and comparison conditions had similar fluency and accuracy scores on their pre-instruction assessments.
   ヒント：experimental condition は「実験条件」、comparison (control) condition は、「対照条件」。

7. The company's pilot system produces about 14,000 gallons per day for its customers, who are mostly local farmers, but its competitor has plans to significantly increase production to 2 million gallons daily in the next few years.
   ヒント：「は」「が」は最後の文に使ってください。単位と換算も考えましょう。

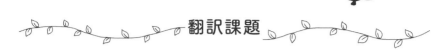

The Hunger Games

　動物生態学者ドゥ・ヴァールによる本の一節です。下線部に「は」「が」構文を使用し、「は」と「が」のそれぞれに下線を引いてください。また、他に「は」「が」構文が使えるところがあれば、使用してください。「では」「が」や、「には」「が」も「は」「が」構文と考えることにします。deprivation は抽象的なので具体例で説明するのがよいと思います。その他、順行訳、否定、数量詞、話法といった技法も使えると思いますので、全体の復習と考えて取り組んでください。心理学では、attention（注意）、motivation（動機）、cognition（認知）です。

　Are we open-minded enough to assume that other species have a mental life? Are we creative enough to investigate it? Can we tease apart the roles of attention, motivation, and cognition? Those three are involved in everything animals do; hence poor performance can be explained by any one of them. With the above two playful apes, I opted for tedium to explain their underperformance, but how to be sure? It takes human ingenuity indeed to know how smart an animal is.

　It also takes respect. If we test animals under duress, what can we expect. Would anyone test the memory of human children by throwing them into a swimming pool to see if they remember where to get out? Yet the Morris Water Maze is a standard memory test used every day in hundreds of laboratories that make rats frantically swim in a water tank with high walls until they come upon a submerged platform that saves them. There is also the Columbia Obstruction Method, in which animals have to cross an electrified grid after varying periods of deprivation, so researchers can see if their drive to reach food or a mate (or for mother rats, their pups) exceeds the fear of a painful shock. Stress is, in fact, a major testing tool. Many labs keep their animals at 85 percent of typical body weight to ensure food motivation. We have woefully little data on how hunger affects their cognition, although I do remember a paper entitled "Too Hungry to Learn?" about food-deprived chickens that were not particularly good at noticing the finer distinctions of a maze task.

The assumption that an empty stomach improves learning is curious. Think about your own life: absorbing the layout of a city, getting to know new friends, leaning to play the piano or do your job. Does food play much of a role? No one has ever proposed permanent food deprivation for university students. Why would it be any different for animals? Harry Harlow, a well-known American primatologist, was an early critic of the hunger reduction model. He argued that intelligent animals learn mostly through curiosity and free exploration, both of which are likely killed by a narrow fixation on food.

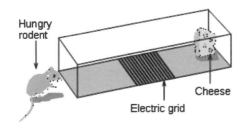

Morris Water Maze: モリスの水迷路
Columbia Obstruction Method: コロンビア障害法
electrified grid: 電気 (帯電) グリッド

(de Waal, Frans. *Are we smart enough to know how smart animals are*, 2016, W. W. Norton & Company. pp. 34–35)

第15章
まとめ　翻訳の深さ

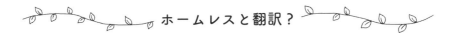

ホームレスと翻訳？

　サンフランシスコの街で homeless と呼ばれる浮浪者たちが物乞いをする風景は、もはやめずらしくありません。ある日、私（マイケル・ブルックス）はある浮浪者が次のプラカード（英語では sign です）をぶらさげて街角に立っているのを見かけました。

> ### I'D RATHER BE FISHING

　皆さんはこれを訳すとしたら、どのようにしますか。

　たった１つの文ですが、これはただの翻訳と違って、少々時間をかけて考える必要があります。訳す前に、まず２章［優れた翻訳とは］のところでお話しした翻訳の過程を思い出してください。

　プロ翻訳者の仕事は、原文の字面だけをそのまま表面的に訳すことではなく、意味のレベルまで掘り下げて、そこから訳を取り出すことである、とお話ししました。では最初に、表層的な構造だけを訳してみましょう。

　私は魚を釣っていたい。

　I'd rather はいうまでもなく I would rather のことで、一種の仮定法です。願望を表す表現ですから、上のように訳したら、一応表面上では正しい訳といえそうです。さて、これをもう少し考えてみましょう。意味レベルに入っ

て、仮定法の意味をもう少し忠実に出してみます。仮定節は表面にはありま
せんが、意味をとって完全な英文に言い換えると次のようになります。

I'd rather be fishing than doing what I am doing now (begging), if I was able
to do so.

　上の英文からもわかるように「もし自分の願望通りにできるなら」が表面
に現れていない仮定の部分の節であるといえます。意味レベルにははっきり
と存在するこの仮定節を引き出して「できるなら」という表現を使うと、次
のようになります。

　物乞いなどをするより、できるなら好きな魚釣りをしていたい。

　上の訳は、いわば仮定法の定型訳に近いものです。ここで気づいた人もい
ると思いますが、ついでに「私」という人称代名詞も省いてあります。3章
［代名詞］で取り扱った通り、訳さなくても（隠しても）主語は明確である
からです。さて、この訳でも一応の意味は伝わるのですが、もう少し探求し
てみましょう。色を出すために少々発想を換えて、現実的な文にしたらどう
でしょうか。実際は物乞いをしているのですから、そのことを前面に出すと
次のような訳も可能です。

　好きでホームレスをしてるんじゃないよ。

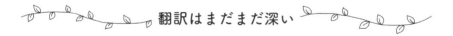

翻訳はまだまだ深い

　これでだいぶよくなったような気がしますが、実はまだ考慮すべきことが
あるのです。この英語表現の背後にある文化です。この I'd rather be fishing.
という表現、どこかほかで見たことはありませんか。気づいた人もいると思

いますが、車の bumper sticker によく書かれている文句です。今はあまり見かけませんが、1980 年代の一時期は毎朝会社に通うアメリカのビジネスマン、ビジネスウーマンたちの車のバンパーによく貼ってあったものです。毎朝交通渋滞の中を車で出勤、いいお天気の日も一日中ビルの中でせっせと働き、夕方は夕方でまた高速道路の通勤ラッシュにもまれて帰宅。もうクタクタだ、こんなことをしているよりは好きな釣りをしていたほうがどんなに楽しいか、という意味をこめた表現です。釣りに限らず、fishing の代わりにその人の趣味を何でも入れてしまうのが流行りました。たとえば I'd rather be skiing, I'd rather be camping, I'd rather be dancing など、種類は限りなくありました。

このプラカードをかかげていた浮浪者も、以前こういったビジネスマンのうちの 1 人だったのかもしれません。この表現を思い出して、それが自分の今の心境と似ていることに気がつき、プラカードに書いたのかもしれません。それが本当かどうかは別として、ここでおもしろいのは、普通は日々の仕事に疲れた人たちが使う表現を、仕事など持っていないホームレスが使っているという点です。仕事はないが、ホームレスというのをまるで一種の職業のように扱っている、という感じです。ですからこのプラカードを見た人は皆、その皮肉めいたユーモアに苦笑するに違いありません。

このプラカードを見たアメリカ人が苦笑するという効果を、日本語訳でもなんとかして出せないものでしょうか。文字面の裏にある意味のそのまた裏にある文化を考えて、起点言語の表現がその文化においてどのような<u>機能</u>を果たしているかを探り、それと同等の機能を持った目標言語の表現を探し当てたら、しめたものです。このプラカードのことばは、ホームレスが職業を持った人のようにふるまって、まるでホームレスも立派な職業だとでもいっているような感じのユーモアが出る、という機能を持っています。この先は、英語およびアメリカ文化におけるこの機能と同じような機能を持つ日本語の表現を探し出すのが我々翻訳者の仕事です。

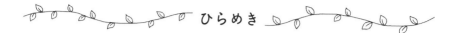

　故 渥美清さんの演ずる寅さんの人情物映画「男はつらいよ」シリーズは日本で爆発的な人気を博しました。「男はつらいよ」を知らない日本人は *Gone With the Wind* を知らないアメリカ人と同じようなものだといってもいいでしょう。男という人生稼業はそんなに簡単なものではない、いろいろ悩みがあって大変なんだ、女性は昔から苦労していると人はいうが、男だって実はつらいんだ、と寅さんは言いたいのです。この寅さんの言っていることは、例のプラカードを持った浮浪者がいかにも言いそうなセリフだと思いませんか。道に立って手を出してりゃ人が金くれるんだから楽な稼業だって思われるかもしれないが、このホームレスって商売は実はひどくつらいもの。ホームレスを見るのもいやだと人は言うが、こっちだって何も好きでやっているわけじゃあない。そこをわかってくださいよ、ということで、こんな訳はいかが？

> # ホームレスはつらいよ

　このプラカードを持って日本の街角に立てば、通行人は皆、寅さんの「男はつらいよ」を思い出して、そのユーモアに苦笑するのではないでしょうか。「ユーモアに苦笑」という、起点言語と同じ機能の表出を狙ったのが、上の訳です。

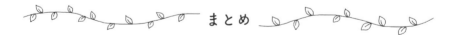

　本書では、翻訳者になる心構えと準備を述べた後、優れた翻訳とは何かという課題から考えはじめました。まず、翻訳とは、英語を一字一句そのまま訳すことではありません。直訳ではいけないのです。さらに、意味をしっかり考えてイメージしながら訳すことが重要です。そして、誰が、何のために

この文章を書いたのか、そして、日本ではどんなところで公開されて、誰が
どのような目的で読むのか、という受け手の顔を想像するところまでを射程
に含めましたね。つまり、文脈と文の機能や効果に十分配慮した翻訳にまで
レベルを高めることです。その作業において、本書で述べられた以下のよう
な技術を駆使することができます（覚えているかどうかをチェックしてくだ
さい）。

優れた翻訳とは

- ☐ 代名詞の扱いではどのようなことに気をつけるのか
- ☐ 比較級や最上級の扱いではどのようなことに気をつけるのか
- ☐ 数量詞はどのように訳すのか
- ☐ 無生物主語が入った他動詞文ではどのような訳を心がけるのか
- ☐ 名詞句ではどのようなことに気をつけるのか
- ☐ 長い文章ではどのような工夫をするのか
- ☐ 間接話法はどう訳すのか
- ☐ レトリックやイディオムではどのようなことに気をつけるのか
- ☐ 英語の肯定表現は日本語でも必ず肯定表現にするのか
- ☐ 日本語の主語で特徴的なことは何か

翻訳には、2つの文化の橋渡しをする役目があります。重要なのは、起点
言語の文化を十分に理解し、それを目標言語の文化に適切な形に直してあげ
ることです。つまり、両言語と両文化に精通していることが要求される重要
な作業なのです。皆さんが地道な努力を通じて国際派として羽ばたいていけ
ること、そして文化の理解を通して奥の深い人間になっていけることを期待
します。

もっと勉強したい人のために

　以下に、本文で登場した文献を中心に書誌情報と解説をつけました。さらに勉強を進めたい人は原著を手に取ってみてください。

日本語論

▶池上嘉彦（1981）『「する」と「なる」の言語学』大修館書店
　　日本における意味論および語用論の大家が書いた日英対照研究。その後の認知言語学の重要な基礎を取り扱っている点からも興味深い。

▶池上嘉彦（1992［1983］）『詩学と文化記号論』講談社学術文庫［筑摩書房］
　　著者の幅広い知見をもとに、詩学と文化記号論という、形式的な言語研究と全く異なる観点から言語と言語分析を鋭く捉え直した。

翻訳論

▶別宮貞徳（1979）『翻訳読本』　講談社現代新書
　　「翻訳によって作られた文章は「美しい日本語」で書かれたものでなければならない」「翻訳における日本語の作文能力を磨くことが必要」など、翻訳の心構えが学べる。

▶安藤貞雄（1986）『英語の論理・日本語の論理』大修館書店
　　池上嘉彦の〈する〉と〈なる〉の対照研究を受けて、翻訳への発展を展開した。

認知言語学

▶西村義樹・野矢茂樹（2013）『言語学の教室―哲学者と学ぶ認知言語学―』中公新書
　　哲学者である野矢が、認知言語学者の西村に質問をしながら展開する、わかりやすい本。

▶野村益寛（2014）『ファンダメンタル認知言語学』ひつじ書房
　　認知言語学に関してわかりやすく説明した近年の著書。

▶鍋島弘治朗（2020）『認知言語学の大冒険』開拓社
　　認知言語学の歴史と概念を、7人の研究者を中心にわかりやすく紐解く。

メタファーとレトリック

▶佐藤信夫（1978）『レトリック感覚』講談社学術文庫
　認知言語学ではないが、日本のレトリック研究には、佐藤信夫の影響が大きい。流暢な語り口で、メタファー、メトニミー、シネクドキなどの主要なレトリックを説明している。

▶鍋島弘治朗（2011）『日本語のメタファー』くろしお出版
　認知メタファー理論を日本語に初めて幅広く応用した研究。

人工知能

▶佐藤理史（1997）『アナロジーによる機械翻訳』共立出版
　機械翻訳の観点から翻訳を論じる。

その他の参考文献

Carlson, N. R.（2009）*Tenth edition Physiology of Behavior*. Upper Saddle River, N.J.; Harlow: Pearson.（泰羅雅登・中村克樹訳（2010）『第3版 カールソン神経科学テキスト 脳と行動』丸善）

Goldberg, Adele（1995）*Constructions: A Construction Grammar Approach to Argument Structure*. Chicago: The University of Chicago Press.

Langacker, Ronald W.（1991）*Foundations of Cognitive Grammar: Volume II: Descriptive Application*. Stanford: Stanford University Press.

Langacker, Ronald W.（2008）*Cognitive Grammar: A Basic Introduction*. New York: Oxford University Press.

金水敏（2003）『ヴァーチャル日本語 役割語の謎』岩波書店

久野暲（1973）『日本文法研究』大修館書店

鍋島弘治朗（2016）『メタファーと身体性』ひつじ書房

三上章（1960）『象は鼻が長い』くろしお出版

宮地裕（1982）『慣用句の意味と用法』明治書院

[著者]

鍋島弘治朗／なべしま こうじろう
関西大学文学部教授。認知言語学者。
著書に『日本語のメタファー』（くろしお出版）、『メタファーと身体性』（ひつじ書房）、
『認知言語学の大冒険』（開拓社）。
本書で登場する *spiralcricket* は、かれこれ約20年前突如現れた分身、螺旋蟋蟀（くるくるこおろぎ）。
twitter: @spiralcricket

マイケル・ブルックス／ Michael N. Brooks
上智大学外国語学部スペイン語学科を経て、カリフォルニア大学ロサンゼルス校言
語学部卒業。サンフランシスコ州立大学英語学部修士課程修了。サンフランシスコ
州立大学元講師(翻訳・通訳)。英日・日英の両方向に翻訳できる希有の産業翻訳
者として、IT 関連書、法律、医薬論文を中心に、主に北カリフォルニアで活動する。
Apple 社など、ソフトウェア、ハードウェア、ウェブローカリゼーションの各企業でエ
ディター、シニア翻訳マネージャを歴任。現在フリーランス翻訳者・講演者。
著書に『英和翻訳の複層アプローチ』（くろしお出版）。

イラスト…石関東沙

Q&A 協力…石関東沙・田村颯登

認知言語学的発想！ 英日翻訳の技術（えい にち ほん やく）

著者▶鍋島弘治朗 (a.k.a. *spiralcricket*)
　　　マイケル・ブルックス

2020年 6月 1日　第1刷発行
2024年 4月 1日　第3刷発行

発行人▶岡野秀夫
発行所▶株式会社 くろしお出版
　　　　〒102-0084 東京都千代田区二番町4-3
　　　　Tel. 03-6261-2867　www.9640.jp

印刷所▶藤原印刷　装丁▶折原カズヒロ

ISBN ▶978-4-87424-832-4 C1081

英日翻訳の技術
模範解答集

第1章および第2章の練習、演習の解答はありません。自由回答ですので省略します。優れた訳とはなにか、日本語と英語はどのように違うかをご自分で考える助けにしてください。

第2章

▶翻訳課題

私がこのあたりに住んでいる理由を1つあげるなら、私の仕事場の近くにある原っぱで、朝夕、鹿を見かけることがよくあるからである。何ともほほえましい光景だ。だが、私には覚悟していることがある。近い将来、この近所に人口増加の波が押し寄せて、鹿は別の場所へと移ることを余儀なくされるのだ。残念なことである。が、その代わり、ここに引っ越してくる人たちは新しい家や広々とした環境が楽しめるという利点が出てくるのだから、それで埋め合わせにはなる。

だから、私のいるところから鹿がいなくなるのはしかたがないと思う。しかし、鹿が絶滅してしまったとしたらどうか。自然の生息地を保護してやらねば絶滅しかねない動物たちは多いだろうが、鹿もそうなってしまったら、それは私にとって非常に辛いことである。

鹿が私の近くにいないからといって、社会が悪いものであるとは言えないが、私の近くでなくてもどこかに鹿が生息していなければ優れた社会とは言えない。この世界から獣類、鳥類、魚類や樹木が消えてしまったら、後に残った世界は陰鬱なものになってしまう。人間的な生活をするために、我々は動植物が必要なのだ。

[解説]

・What a delightful sight!

英語では感嘆文ですが、そのまま日本語の感嘆文にすると不自然です。英語の感嘆文は、この訳例のように言い切りの日本語の文にしても、意味は十分通じます。

• as many species might if natural living areas are not preserved

この部分は挿入節です。訳す時は一旦この挿入節を抜いておき、次に主節の前か後に置いて訳します。この場合は「自然の生息地を保護してやらねば絶滅しかねない動物たちは多いだろうが」として主節の前に置きました。

• The world, without animals and birds and fish and trees, would be a desolate place.

これは without の中に仮定節の意味が含まれている仮定法の文です。実際は動植物がいるからいいが、もし動植物がいなくなったと仮定したらこの世界はどうなるか、という意味。訳例で「後に残った世界」としたのは、仮定したことが起こった結果としての意。

第3章

▶練　習

1. A:　タヒチに行きたいな。
   B:　いいね。まあ、お金と時間があればの話だけど。
2. ケイティーはチーズが嫌いだ。というか、乳製品は全部アレルギーなんだ。
3. パメラの手書きはパットよりかなりうまい。

▶演　習

1. 子供というのは親の言うことを聞かないことが多いものだ。
2. ハリーはとんでもない嘘つきだ。口を開くたびに、必ず嘘をつく。だからあいつの言うことは絶対本気にしちゃだめだよ。
3. 噂によれば、アーニーは、2LDKのアパートに住んでいるのに電話機が13もあったって話だ。
4. 神隠しというのは、子供が行方不明になった時、神々がその子を隠したと考える日本の概念である。
5. 思うに決勝戦の相手チームは技術面では我々よりかなり上手（うわて）だったが、

何とか力で押して勝利を奪取した。

6. 黄色は経理課用、ピンクはお客様の控えです。

7. 男性店員１：あいつ、金払っていかなかったぞ。

男性店員２：象が金払うわけないだろ。

▶翻訳課題

息子はその鍵を持ち歩いて元気よく振り回すのが好きだった。返却口にも入れたがっていたが、まだ幼く、手先が不器用で、鍵が投入口にピッタリと合うようにしなくてはいけないということがよくわかっていないため、普通はうまくいかないのであった。ところが当の本人は全くお構いなしである。鍵が偶然返却口に入ったというときも何回かあり、そのときはもちろんうれしがっていたが、そうでなくともおそらくガチャガチャという鍵の音を聞くだけで十分喜んでいたのだ。

さて、私たち夫婦はというと、息子が返却口の近くで鍵をたたきつけていることは少しも気にならず、本人のしたいままにさせておいた。その好奇心旺盛な行為はいかにも無邪気なものに思えたのである。ところが、やがて面白いことが起こった。近くに居合わせた中国人の従業員が息子がしていることを見にやってくるなり、息子が１度でも失敗すると手助けしようとするのである。従業員は息子の手を握って、やさしく、しかもしっかりとその手を返却口に向かってまっすぐ持っていき、返却口にうまくはまるように鍵の方向を調整して、中に入れさせるのだった。それからこの「先生」は私や妻に向かって何か期待しているような面持ちでニコッとするのだ。まるでお礼を言われるのを待っているかのようであった。中には少ししかめ面をする人もあり、それは怠慢な親に注意するといった感じであった。

［解説］

・ Benjamin

この固有名詞は、その文脈によって「息子」「当の本人」などと工夫して文が活きるようにします。また Benjamin を he で受けているところは、日本語ではいちいち「彼」と訳さなくても意味は十分通じます。

・ lack of manual dexterity and incomplete understanding of the need to orient the key just so

下線部の名詞句が２つ続きますが、lack と understanding にそれぞれ動詞を見出して訳すのがコツです。

・ He probably got as much pleasure...

比較級の構文です。比較級の章の Banff の文例にも出てきますが、そのまま定型訳を使わないで、意味を考えて表現を工夫する必要があります。

・ Now both Ellen and I were perfectly happy to allow Benjamin to bang the key near the key slot.

まず文頭の Now は「今」ではなく、「（今まで息子の行動を説明してきたが）ところで、それを見ていた私たちの方は」という場面転換の now です。次に、Ellen and I を「エレンと私」とするのは考えもの（これが日本人夫妻だったら「美代子と私」とでも言いますか？）。「私と妻」とか、上の訳例のように「私たち夫婦」とかにするほうが自然です。また、perfectly happy はここでは「まったくうれしい」ではなく、「気にならない」という、どちらかと言うと消極的な意味です。

第４章

▶練　習

1a'. シンシナティにはいいジャズを流すラジオ局がほとんどない。

b'. シンシナティにはいいジャズを流すラジオ局がいくつかある。

2. どうして彼の気が変わったのか、不思議に思うことがよくある。

3. 幸い、このような特別対応が必要な

生徒は多くない。

▶演 習

1. アリと共に何百万ドルも稼いだマネージャーのハーバート・モハメッドを責める人もいた。
2. 鬱病、苦悩、孤独感、退屈感、または痛みに悩まされ、その反動として晩年になってアルコールを飲み過ぎてしまう人もいる。
3. 最近はストップオーバーするのに少額の料金を請求するようになった航空会社が大半であるようだ。
4. バスで通勤する時もあれば、車で行く時もある。
5. こういった問題は、政治的な色が非常に濃いものが多かった。中にはいろいろと議論の的になっているものもあった。
6. カヌー愛好家と土地所有者などの団体の間で少数ながら合意があることは確かだが、可航河川は、英国にある河川の全長の0.5%にも満たない。
7. 多額の金を費やす広告宣伝業は、比較的最近の業種である。1880年代の末でさえ、10万ドルという高額を費やした広告主の数はほんの一握りであった。

▶翻訳課題

　地球の表面の70%は水であるから、水は将来も常に豊富にあると考えがちである。ところが、淡水、つまり飲用水、浴用水、灌漑用水、農業用水などに使える水は、考えられないほど希少である。世界中の水のうち、淡水はわずか3%であり、凍結した氷河などに埋もれて人間が使えない状態になっているものが、このうち3分の2ある。

　この結果、水不足を被っている人が世界中で約11億人いる上、1年のうち少なくとも1ヶ月間水不足を経験する人が全部で27億人いる。衛生状態が悪くて困っている人も24億人おり、この人たちはコレラ、腸チフスなど、水が媒体となる病気の危険を目の当たりにしている。下痢関連の病気で死んでゆく人たちは、ほとんどが子供だが、この数だけを取り上げても年間200万人に昇る。

　生態系の成長を支え、かつ増える人口をまかなう水系の多くも圧迫されている。河川、湖沼、および帯水層は乾き切った状態になりつつあるか、または汚染が進んで使えない状態になりつつある。また、世界の湿地帯は、その半分以上が消失してしまった。一方、水を利用する産業のトップである農業では、能率が低いために、用水の多くが無駄になっている。気候変動によって、世界中の天候パターンや水状況が変化している。このため、水不足や干魃が発生する地域があれば、洪水が発生する地域もある。

［解説］

- Only 3% of the world's water is fresh water...

この文のように、特に数量詞が英文の主語になっている場合は和訳を工夫しましょう。英語の文体に従って「世界の水の3%だけが淡水であり〜」とするより、模範訳のように「世界中の水のうち、淡水はわずか3%であり〜」とした方が日本語として自然です。

- More than half the world's wetlands have disappeared.

この場合は、模範訳のように「世界の湿地帯は、その半分以上が消失してしまった」としても、「世界の湿地帯で消失してしまったものは半分以上に昇る」としても、どちらでもいいでしょう。

- causing shortages and droughts in some areas and floods in others

「一部の地域では水不足や干魃が発生し、その他の地域では洪水が発生する」とすれば高校の教科書通りの訳になりますが、問題はothers (other areas) です。「そ

の他の地域では洪水が発生する」と訳してしまうと、some areas 以外の地域全域で洪水が発生するのか、ということになってしまいます。他には洪水が発生地域もある、という意味ですから、この訳では少なくとも意味が曖昧になります。

第5章

▶ 練 習

1. 今年は去年より語彙数が増えた。
2. トニーは走るのが遅い。ぼくの方がヤツよりずっと速い。
3. アフリカに旅行したがる人がどんどん増えている。

▶ 演 習

1. また、その法案では、罰則が以前より厳しくなった。
2. 仕事を終えた後、旅団の司令部に戻ることにした。多分そこの方がはるかに静かだろうと考えたからだ。
3. 周りの人たちは、君が自分で思っている以上に高く君のことを評価しているんだよ。
4. 環境保護主義者は、観光に利点が多いことは多いが、問題も結構多いと思っている。
5. 彼女ほど猫の毛に敏感な人はいない。
6. 刑務所を増やせば（そしてそこに拘置する囚人を増やせば）犯罪は本当に減るのであろうか。
7. テキサス州ダルトン市の1人当たりの所得は 24,773 ドルで、同州のトップクラスに入っている。

▶ 翻訳課題

従業員にとってこういった新しい就業スタイルの利点は自由時間が増えること、および仕事と私生活の両方の責務を柔軟に果たせることである。従業員はストレスが減り、仕事から得る個人的満足感が増す。職場生活と家庭生活が健全に両立していると感じるのである。

一方、雇用者側の利点は、従業員よりさらに大きい可能性がある。普通の従業員は新しい就業スタイルを高く評価するため、フレックスタイム制度を導入している会社では、導入していない会社に比べて優秀な人材の採用率が高く、またそういった人材の定着率も高い。その上、この制度に参加している従業員の生産性は上がり（推定上昇率5〜20％）、愛社精神も向上する。従業員がオフィス以外の場所で、またはピーク時以外の時間に仕事をするので、運営コストも実際に下がることが考えられる。また、組織全体の柔軟性が実際に向上するため、体制の変更時や適応時のスピードが上がり、必要に応じて問題解決チームを編成し、製品の市場投入をスピードアップできる。最後に、このような新しい就業スタイルを取れば、欠勤率や離職率が下がると同時に生産性が向上するため、概して利益増という結果になる。

［解説］

- Employees experience less stress and more personal satisfaction...

less... と more... という比較級があります。ここではそれぞれ「減る」「増える」という対照的な増減の動詞を用いて訳してあります。

- those companies offering flexible work schedules are more successful at retaining and recruiting quality people

「新しい就業スタイルを導入している会社」と「新しい就業スタイルを導入していない会社」という、比較の対象となっている2つをはっきりさせて訳してあります。

- In addition, participating employees become more productive (estimated between 5% - 20% increase) and more loyal to the company.

ここでも増加の動詞を使って訳してあります。

- the company can change and adapt at a quicker pace, build problem solving teams as needed and bring products to market faster.

ここでも「スピードが上がる」「スピードアップできる」と、やはり増加の動詞が使ってあります。

第6章

▶練　習

1. コンピュータグラフィックスのおかげで、コンピュータが使いやすくなった。
2. その事件がきっかけとなり、大革命が起きた。
3. このフォーラムでは、博士課程の学生が論文を発表できる。

▶演　習

1. この機能を使えば、ユーザーは自分の描いたオブジェクトを立体で見ることができる。
2. 天気がひどかったため、人里離れた湖に行けなかった。
3. 昭和 20 年 3 月の東京大空襲により、72,489 人が死亡した。
4. 日本はなぜファーストフードの国となったのか。
5. 基礎的地震学の研究では地震の震源と伝播および地球の内部構造に対する理解を深めることを中心としている。
6. 調査された最初の骨格から恐竜が強大な陸生は虫類だったことがわかる。
7. 20 フィート（約 6 メートル）あるので、作業員は安全に通行できます。

▶翻訳課題

　最近、成層圏でのオゾン破壊が心配されているが、これはどうしてかというと、オゾンが破壊されると、生物に危害を与える紫外線の放射量が地表レベルで増えると予想されるからである。大気中のオゾンは 320nm 未満の波長の日光を吸収する。ところが、人工化合物から出る

塩素や臭素によってオゾン層が破壊されつつあるという確かな証拠があるにもかかわらず、紫外線の強さがどのように変化しているかについての資料は意外にもほとんどないのが現状である。ただ、南極に関しては確実なデータがあり、それを見ると、オゾンホールの下では紫外線の放射量が急上昇することがわかる。ところが南極以外の地域はどうかというと、10 年に数パーセントの割合で今までオゾンが減少してきているのに、南極の紫外線のような強さに関する傾向は全く解明されていない。

［解説］

- 冒頭文

無生物主語構文です。「Anxiety が resulting increase から stem している」という原文の骨組みですが、「心配は…」として訳し始めると述部で苦労します。この訳例では原因または起源を表す表現「stems from」を工夫して「心配されているが、これはどうしてかというと、〜からである」としました。

- surprisingly

原文では文頭にきていますが、訳語「意外にも」をそのまま文頭に置くと、それが修飾する動詞との距離が離れすぎてしまいます。模範訳では被修飾の動詞のそばに持っていって意味をわかりやすくしてあります。

- very little information exists

「ほとんどないのが現状である」と訳してありますが、これは exists という現在形の意味を表出させたものです。勝手な補足ではありません。

- solid data

無生物主語。「確かなデータは〜を示している」の類の訳は失格。

第7章

▶練　習

1. 警察が家宅捜索することは、法で許

可されているのか。

2. ろうそくにはどうして蛾が寄ってくるのだろうか。

3. 1981年以来、精神科クリニックの数は10倍に増えた。

▶演 習

1. 1978年に石油価格が高騰したために世界中が不況に陥り、省エネに拍車がかかった。

2. 強い振動があると、建物は一瞬のうちに瓦礫と化すことがある。

3. グラフィックスや写真など、コンピュータ上に表示される情報を使うと、生徒間の交流が活発になる。

4. 作動温度が高いと、潤滑剤の寿命が短くなる。

5. 彼らは、会員がこの街の良好な雰囲気に誘われて、年次会議に出席する気になってくれればと願っている。

6. リンカーの今回の新バージョンでは、様々なデータから自動的に高度なレイアウトを作成することができる。

7. この高まる気運に乗って新しい包括的核実験禁止条約が締結され、核爆発が全面的禁止になることを我々は願っている。

▶翻訳課題

石油が安く確実に手に入るという時代は1973年で終わった。この年の10月、アラブ産油諸国は第4次中東戦争の結果、産油量を削減し、アメリカおよびオランダへの石油輸出を禁止した。アラブ諸国がこの時削減した産油量は、世界全体の石油供給量の7%弱であったが、このため石油会社、消費者、および貿易商社はパニック状態に陥り、中には動揺を見せる国家政府もあった。

石油の一部競売制を取る産油国が数国出現し、原油の激しい入札合戦が始まった。この入札合戦が引きがねとなり、当時13国を数えたOPEC諸国は、原油全

体の価格をその数年前の8倍にまで引き上げた。

石油価格の高騰のために世界的に景気が後退したが、これがもとで石油の需要は減少した。これに伴って、世界の石油事情も次第に落ち着きを取り戻していった。一方、OPEC諸国政府のほとんどは自国の油田を国有化していった。

［解説］

• The year 1973 brought... は冒頭から無生物主語。「1973年は〜をもたらした」は失格。

• they created panic の they = the Arab cutbacks。これも典型的な無生物主語。この場合は原因を表す副詞句にして訳します。

• This bidding encouraged the OPEC nations もまた無生物主語構文。

• The world oil scene gradually calmed, as a worldwide recession ここでは時を表すasの訳し方を工夫すると質が上がります。また、この文の深層構造にある the worldwide recession trimmed the demand for oil、および higher oil prices brought on a worldwide recession という2つの文の下線部はそれぞれ無生物主語。

第8章
▶練 習

1. ビタミンAが不足すると、インフルエンザに対する抵抗力が下がる。

2. ダムを建設すれば、水力発電が可能になる。

3. 私は彼の意図がまったくわからないでいた。

▶演 習

1. 激しい体罰を受けた犯罪者は、さらに犯罪に走る傾向が強くなるという説がある。

2. 墜落事故現場を詳しく調査したとこ

ろ、機体のエンジンのうち2基が故障していたことがわかった。

3. 公務を免れたので、彼は自分の研究を続けることができた。

4. イエローストーンを訪れた人なら誰でもその美しさに圧倒される。

5. あなたが無事に戻ってきてくれることを心待ちにしていました。

6. 彼は家計のやりくりが非常にうまい。

7. 生産過程が複雑になると、コストがかさむ。

▶翻訳課題

　動物が危険を感知するためには、危険な刺激とそうでない刺激を区別し、また危険の種類も識別しなければならない。危険の種類によって、異なった危険回避反応が必要となるからだ。恐怖心と好奇心は紙一重、という動物が多い。つまり、今までに経験したことのない刺激を受けたり、環境が変わったりすると、たいていの動物はまず逃げるが、その後刺激に近寄って調べるという反応を示すのである。

　どの反応を示すかは、刺激がどのくらい目新しいものであるかによって違ってくる。つまり、日頃慣れている刺激に対してはほとんど何の反応も見せないが、それほど慣れていないものになると好奇心が湧き、近寄っていく。刺激が極端に目新しいと恐怖心が現われ、急に動きを止めたり、逃げたり、または警戒信号を発したりする。また、ある決まった色形、音や匂いに出会うと回避の姿勢を取るという動物が多く、また刺激の種類によって回避のしかたが違ってくることがある。

　東アフリカのベルベットモンキーは、豹、2種類の鷲、およびニシキ蛇の餌食となる。ある猿が豹が来たぞという警戒の鳴き声をあげると、他の猿たちは木の上に駆け上がる。鷲に警戒せよという鳴き声はまた異なるもので、これが聞こえ

ると、猿たちは空を見上げるか、または茂みに隠れる。ニシキ蛇用の警戒信号は豹や鷲のときのものとははっきり違う声で、これが聞こえると、猿たちは後ろ足で立って周囲の草の中を見渡す。

［解説］

・ Recognition of danger

名詞句ですが「危険の感知」としてしまわずに recognize という動詞を見出して「危険を感知すること、危険に気付くこと」とします。次にこの名詞句が無生物主語であることに着目し、副詞句的に訳します。

・ most animals respond first with flight and then with approach and investigation

flight、approach、investigation という名詞をそのまま「逃避」「接近」「調査」としないで、動詞として扱えば日本語的な表現が出てきます。

・ familiar stimuli evoke little response, whereas a moderate degree of novelty elicits curiosity and approach

familiar stimuli と a moderate degree of novelty は共に無生物主語。注意が必要です。なお、述語部の curiosity and approach は名詞としてでなく動詞的に訳します。

　by either freezing, flight, or alarm signal の名詞句の並列も動詞的にすると自然になります。

・ Alarm calls given for leopards cause other monkeys to run up into trees

以下、セミコロンで区切られた3つの文の中には無生物主語と共に使われる代表的な動詞 cause が3回出ています。無生物主語 alarm calls の中に「呼ぶ、叫ぶ、鳴く」などの動詞を見出して訳を工夫します。

第9章

▶練　習

1. 我々はスイスに旅した。目的は、ジュネーブ近郊の小さな町にある美術館に行くことだった。

2. 社長はブラッドフォードさんに新採用の社員を紹介した。この人はそれまでに何回もこの職に就きたいと志願していた。
3. その男は飢えたような、荒々しい顔つきをしていた。それは正に恐ろしい光景だった。

▶演 習

1. おばあさんは、一日の大半をテラスで過ごした。そこからはゴールデン・ゲート・ブリッジ、タマルパイアス山、また遠くの山脈を眺めることができた。
2. 過去10年間の日本の外交政策には、まぎれもない失敗が何回かあった。この失敗は防げることができたのだが、これによって海外に対して日本のイメージが台無しになった。
3. この惨事がきっかけとなり、流行(はやり)のアドベンチャー旅行産業に論争が巻き起こった。この旅行参加者は登頂する権利があると主張する向きもあった。もちろん、参加者が必要なスキルを備えており、桁外れのリスクを理解していればのことだが。
4. ハッブル宇宙望遠鏡が初めて提案されたとき、天文学者はこの望遠鏡をタイムマシンのように使い、宇宙の始まりに近いときまで遡って、その時の様子を観察したいと考えていた。
5. 今から10年ぐらい経つと、宇宙船が火星の岩石サンプルを持ち帰り、NASAの研究者が分析することになる。
6. 「強」で5分間調理します。レンジの中でそのまま1、2分間置いてからお召し上がりください。
7. 1916年、彼はフランスの派遣団の大使館付き書記官としてポール・クローデルに同行し、リオデジャネイロを訪問した。そこで知ったブラジル音楽は、その後の彼の作品にいつまでも影響を与えることとなった。

▶翻訳課題

ネアンデルタール人の謎は人類学で解明する時間がなかったというわけではなく、時間はむしろ十分あったのである。今からさかのぼることはるか1856年には、ドイツの鍾乳洞でネアンデルタール人の頭蓋骨が1つ見つかっている。これが消滅した人類の祖先のものとして確認された最初の化石である。その後の調査の推定によると、ネアンデルタール人の生息期は約10万年前から3万5千年前で、近東からアジア中部やスペインの大西洋岸地域にまで分布していたという。

体の構造は現代のヒトとほとんど変わりなかった。現代人と違っているところは、フットボール選手のような頑丈な体つきをしていること、あご先の形がはっきりしていないこと、眉の上がひさしのように突き出ていることなどである。ネアンデルタール人は野獣のようであったと一般に考えられているが、実はそうではなかったことも科学調査でわかっている。死んだ仲間はていねいに葬り、病人や体の不自由な人の世話もしていたのだ。

しかし、人類学でわかっていないことはまだたくさんある。たとえばネアンデルタール人は、一歩現代人に近いいわば「後輩」のクロマニョン人とはどのように交流していたのかという疑問はまだ解明されていない。両者は何千年もの間、近東やヨーロッパ地域で共存していたのだが、交わって子孫を残していたのか、争いをしていたのか、それともお互いを避けていたのかどうかは、まだ謎である。

［解説］

- spreading from the Near East の分詞構文の前でいったん文を切り、順行訳にします。
- except for their linebackerlike build の前でも切って順行訳にできます。
- such as how Neanderthals interacted with の前でいったん文を切り、順行訳にします。
- with whom they shared は「誰と」という

疑問詞節ではなく、クロマニヨン人を説明する（つまり Cro-Magnons を先行詞とする）関係詞節です。この関係節の前でもいったん切ったほうがいいでしょう。また、この関係節をその前の本文と同じ文に入れておくより、次の Did they interbreed? に続けた方が流れがよくなります。

• この課題には researchers、scientists、anthropologists といったことばが出てきます。そのまま「研究者たち」「科学者たち」「人類学者たち」と訳しても意味は正しいのですが、人名を挙げたりして特定の人物を指しているのでない限り、この種のことばを「〜者」「〜人」と訳す必要はありません。訳例のように、「調査（の推定）」「科学調査」「人類学」という活動分野・職業分野として訳すと、日本語として自然になることがあります。
例文 Swedish and American researchers have pursued the dream of reversing Parkinson's symptoms since the 1980s.
➡ スイスとアメリカでは 1980 年代以来、パーキンソン病の症状を無くすという夢を追って研究が続いている。

第 10 章

▶練 習
1. ジョンは、「君のお父さんは許してくれるかな」と訊いた。
2. 彼は私に「昨日ロッシュフォートで殺人事件があったんだ」と言った。
3. ジェーンは「ただただ、友達が懐かしいの」と言った。

▶演 習
1. 「留学生としての経験を書きなさい」と言われた。
2. 通りかかりの人が「すみません。道に迷ったんですが、図書館へ行く道を教えていただけませんか」と私に訊いた。
3. 彼が私の外出中にホテルに電話してきて、「メッセージを残していいでしょうか」と訊いた。ホテルの交換手は

「はい、承ります」と言った。
4. ポールの上司は「仕事を続けたいのなら、来週までにロサンゼルスに引っ越してもらわないといけないんだが」と本人に言った。
5. ぶしつけな奴が「詰めろよ」と言ってきたので、「少なくとも丁寧に訊けばいいだろ」と言ってやった。
6. 数年前、カトリック系の布教病院から尼僧たちがヌドナジさんを訪ねてきて、「ひどく病気な人をお助けくださいませんか。胸がアメーバの皮下感染にむしばまれていて、薬も効かないのです」と言った。
7. クリニックに来ている人が「サービスさん、ご容態はどうですか」と訊くと、小柄なサービスさんは完治した胸を恥ずかしそうに見せて「私の村から 18 キロ歩いてきたことが、私の容態を示す何よりの証拠です」と答える。

▶翻訳課題
　ぼくがはじめてギャッツビーの屋敷に行った夜、実際に招待されていたのはぼくの他にほんのわずかな人たちだったと思う。このパーティーに来る人たちは招待されるというのではなく、自分からでかけて行ったのだ。ロングアイランドまで行く車に乗り込み、どういうわけかギャッツビーの玄関先に着いてしまったという具合だ。着けばそのあとは誰かギャッツビーを知っている人に紹介を受け、それからは遊園地にでもいるような感覚で気ままに振る舞っていた。パーティーに来てもギャッツビーに会わずに帰ってしまうということもあった。ただパーティーに来たいという素朴な気持ちだけでやって来るのだが、それで参加資格十分なのであった。
　ところがぼくは実際に招待されていたのだった。その土曜日の朝早く、明るい青の制服を着たお抱え運転手がぼくの家の芝生を横切ってやってきて、主人からのひどく丁寧な手紙を差し出した。「今夜、小生の

ささやかなるパーティーにご臨席くだされば、この上なき光栄でございます。今までに貴殿を何回かお見かけいたしており、かねてからご挨拶に伺いたいと存じておりましたが、予期せぬ事情が重なったため、ままならぬこととなっていた次第でございます」とあり、威厳たっぷりのスタイルでジェイ・ギャッツビーと署名してあった。

[解説]

- according to the rules of behavior associated with amusement parks は、文芸作品によく使われる婉曲表現。婉曲的に訳して意味を察することができ、文体的にも優れて日本語にできれば言うことなしですが、そうでなければ、少なくとも読者に意味が通じるように訳しましょう。
- with a simplicity of heart that was its own ticket of admission も文芸作品に特有な言い回し。直訳では到底意味がわかりません。よくかみ砕いて訳しましょう。

第2段落の冒頭文の「ところが」は、ギャッツビーのパーティーに来る人で正式に招待を受けた人はあまりいないと前段落で説明しているのを受けて、それとは対照的にぼくは、という意味を出すため補足しました。

- with a surprisingly formal note from his employer

ここでは順行訳にして、文末に「差し出した」という動詞を補足してあります。

第11章

▶練 習

1.a. 物理的意味：彼は今縛られている。
　 b. メタファー：彼は今忙しい。
2. 鳥の鳴き声が聞こえる。
3. 営業部は改革しないといけない。

▶演 習

1. 今日はサックス奏者がインフルエンザにかかったので…
2. 毎朝にんじんジュースを飲むのが好きだ。

3. 黒のベンツがぼくの車のバンパーにぶつかってきた。
4. インフレのせいで我が社の利益は下がる一方だ。
5. こんなにカンカンに怒ったのは10年以上ない。
6. そしてそれこそが、今醜い鎌首をもたげようとしているファシスト右派の新しいスローガンである。
7. 今は、お客様が楽しみにしているサービスを削るようなときではない。

▶翻訳課題

北アメリカの主要な遊園地を想像してみてください。必ずジェットコースターがあるでしょう。それは昔懐かしいジェットコースターかもしれません。鉄の車輪を軋ませながら錆びたレールを昇り、頂上についたかと思うと半狂乱の自由落下に飛び込んでいきます。

または、ハイテクの新型ジェットコースターかもしれません。乗客は安全バーで固定されて、足場もない螺旋の中をコークスクリューのように高速で回転します。

感情もジェットコースターのように感じられるときがあります。私たちは日々たくさんの感情を経験し、その中には、自分自身の内側から発生するものもあり、外部から押しつけられるように感じられるものもあります。息詰まる感情のジェットコースターの一例として、他人が私たちを自己嫌悪に仕向ける場合があります。どのボタンを押して、どの高さまで上げて宙づりにしたらよいのか、知っているように思える人達もいます。この感情のジェットコースター、そして私たちを自己嫌悪に陥らせようとする人々とどのように付き合っていくことができるか、少し検討してみましょう。

他人の言うことに盲従するな
「劣等感は、他人が自分に抱かせるものではなく、自分が勝手に感じるものであるということを忘れないでほしい。」

—エレノア・ルーズベルト

自己嫌悪に陥るように他人から仕向けられるとき、私たちはそうなることを自ら意識的に許す必要があります。ほとんどの状況では、だれも私たちが自己嫌悪に陥ることを強要してはいません。他人のいうことを受け入れるとき、私たちは乗客になるという選択をしたことになるのです。

　自己嫌悪を感じさせようとする他人にゴーサインを出すのはやめましょう。自己嫌悪に陥りたいかどうかを決められるのは自分だけですから。

　　有毒な人間を避けろ
　　君子は人の美を成し、人の悪は成さず。
　　小人は是に反す　　—孔子

　有毒な人は他人を自己嫌悪に陥らせることが大好きです。そして、他人に劣等感を与えることに成功すると、その見返りとして自分が優越感に浸るのです。職場の冷水器の周りや親戚の集まりで、こういった人は最新のゴシップについて話します。こういう集まりには中毒性があり、蜘蛛の巣のように簡単に仲間に引きずり込まれてしまいます。それに、あなたがその場にいなければ、その人達はあなたのゴシップをしているかもしれません。マーク・トゥエインは、「あなたの大志を見くびる人には近づくな。器の小さな人間はいつもそういうことをする。しかし、本当に偉大な人間はあなたも偉大になれると感じさせてくれるのだ」とアドバイスしています。

　他人があなたを自己嫌悪に陥らせようとする感情のジェットコースターはなくなることはありません。完全にそこから逃げることはできないのです。このコラムに書かれた提案と引用を念頭に、次回、感情のジェットコースターに乗るときには、大きな動揺をしないで済むように心がけましょう。

［解説］

- Select any major amusement park in North America and you will surely find a roller coaster.

「〜を選びなさい」だとおかしいですよね。「北アメリカの…」で始めてもよいのですが、ここではイメージを浮かべてもらう意味で命令形を使用し「想像してください」にしました。

- inverted spirals at lightening speeds.

螺旋状に360度回転するジェットコースターは「コークスクリュー」と呼ばれます。また、inverted は車両がレールに吊り下げられたタイプで足場が存在しないものを指します。

- some of which are developed from within us and others that appear to be placed upon us externally.

within us と externally の対比を取りましょう。

- Some people seem to know which buttons to push and how high to take us before leaving us suspended in midair.

このあたりからメタファーになりますが、buttons, high, suspended などは感情の領域に訳してもイメージが湧きません。創造的な表現ですが、ジェットコースターの領域を生かしました。buy a ticket、a passenger、the green light、a smooth (ride) などの表現もそのままがよいか、意味を生かして直すか、判断が問われます。

- Avoid toxic people.

　第 2 段落の冒頭文ここでは、toxic（毒のある）という別のメタファーがでてきます。「毒のある」にすると直截的すぎると考え、比喩としても使いやすい「有毒な」にしました。

- Small people

　第 2 段落の冒頭文こちらも「小さな人々」だとやや言葉足らずなので、「器の」を付けました。

第 12 章

▶練　習
1.　豚に真珠

2. 三人寄れば文殊の知恵
3. ルーシーは事の裏話を全部話してくれた。

▶演 習

1. 「仕事を首になって、ゆうべは彼女に振られた上に、今度は財布をなくしてしまった。降れば土砂降りとはこのことか。」
2. つまり、目標は 12 か月を 1 年と考えないで、12 週を 1 年と考えて計画しましょう。
3. 同じ種類の鳥が群れるように、似た企業は集まる傾向にある。
4. それからね、自分に落ち度があるのに他人を非難するのはいけないぜ。自分のことだけやっておけばいいんだ。他人のことには首を突っ込むな。
5. キャシーは少し休んだ後、溝の底づたいにゆっくり進みながら車から離れていった。
6. 彼はちょっとしたことでもすぐカッとなったが、普通は少し時間が経てばいつもの満足げな状態に戻るのだった。
7. 物事をヌケヌケと言う傾向があるということは彼女は自分で知っていた。そうすることが、何かを訊かれたときに最も簡単に対処できる方法であるように思えた。「遠回しに言っても結局意味ないから」と思っていた。目を上げると、彼が自分を観察しているのがわかった。「それが悪いっていうの?」と彼女は言った。

▶翻訳課題

「ここまで来たからには、止めようとしてももう遅い」とセントジェームズ候補は言う。アンケートで好結果が出た同候補にとって、この結果は自分のことを笑って相手にしなかった人たち全員に対する爽快な「見返し」のようなものである。一方、いらだつ他の候補者や後援会幹部は、この結果これまで何ヶ月も知らぬ振りを続けてきた 2 つの事実に直面させられることになった。1 つ目は今年出馬している「本気の」候補者の大部分は期待に反して力がないということ。2 つ目は、サンフランシスコでは依然としてネームバリューのあるなしで当選・落選が決まってしまうことがあるということ。59 才になるセントジェームズ候補にとって大きな強みはこのネームバリューである。昔、COYOTE(コヨーテ)と呼ばれる売春婦の労働組合の代表を務めていたころは確かに必要以上に騒がれたかもしれないが、これによって結局セントジェームズ候補の名はサンフランシスコの名所コイト・タワーのように、同市では非常に馴染み深いものになった。

「マーゴが他のほとんどの候補者と比べて際立っていることといえば、この人にはいわゆる『サンフランシスコらしさ』があるということ。フリーモント市やサンレアンドロ市などの郊外の街で立候補するのとは違う。候補者はサンフランシスコの感覚を備えた人であってほしいとこの街の人は考えています」と後援者のアラン・ホワイトさんは言う。

その上、ブンブン(地元の女装芸能人)やビアフラ(ロックバンド歌手)などと違い、セントジェームズ候補にはかなり面白い支持者がいる。詩人のローレンス・ファーリンゲッティ氏、カリフォルニア州議会のジョン・バートン議員、サンフランシスコのウィリー・ブラウン市長、そしてハーヴェイ・ミルク LGBTQ 民主クラブなどである。

それでもセントジェームズ候補のこの好戦ぶりを信じない人々はまぐれ当たりだとして本気にせず、アンケートで現在 21 パーセントある支持率も投票日が近づけば急落するものと予測している。これに対して本人は「まぐれというなら、アルバート・アインシュタインもそうだった」と応える。

今年 11 月の選挙では、候補者 28 人が 6 議席をめぐって争う。セントジェームズ候補とその後援会では、投票日に有権者が選ぶ 6 人のうち、1 人分は面白半分でマー

ゴ・セントジェームズさんに票が行くことを期待している。

[解説]

out of the gate は 競馬用語から出た比喩表現。選挙戦が始まっているということ。

in your face とは、誰かの（前にはだかって）邪魔をしていること。

Her days as head of the hookers union COYOTE may have been heavy on hype の中の may は、譲歩を表す may（「〜であったのは確かだが」）。

put her right up there with Coit Tower は、ネームバリューの高い順にリストアップしたら、コイト・タワーのようにリストの上の方にある、という比喩表現。

drop like a rock の直訳は「岩のように落ちる」ですが、（悪い意味の）物事が急に起きることを表すこの比喩は日本語に存在しません。したがって、そのままでは使えません。

第13章

▶練 習

1. 新しい人工塩は、水に入れても溶けない。
2. 忘れ物はない？
3. 君にこんなところで出会うなんて思ってもいなかったよ。

▶演 習

1. ジェイソンは交通事故に遇ったが、傷ひとつ負わずに済んだ。
2. 月給は2,000ドル以上払えないんですが。
3. ソーシャル・メディアは単に一時的なはやりだと相手にしない人がいる。
4. 我が家の隣に先月建った新しい家は非常に背が高いので、邪魔になって以前のいい眺めを楽しめなくなった。
5. その会社のマーケティング部は、あらゆる手段を尽くして競合会社が市場に参入できないように努力した。
6. この人たちは学習することやリテラシー活動に参加することに興奮を感じ

て熱心になっているため、教える方も楽になった。学校にいなくても学びたいという意欲があったからだ。
7. この頃は、携帯電話のおかげで、すぐそばにいなくても友達や家族と連絡できる。

▶翻訳課題

ミラーニューロンとは動物の自分の行為と、他者の同じ行為を見る際のどちらの場合でも発火（賦活）する細胞である。そこで、ニューロンは、あたかも観察者自身が行為しているように、他者の行動を「鏡のように反射する」のである。このようなニューロンは霊長類では直接観察されている。鳥は模倣共鳴を行うことがわかっており、神経細胞的証拠からある種のミラーシステムが存在することがわかっている。人間の場合、ミラーニューロンと整合する脳活動が、運動前野、補足運動野、一次体性感覚野および下頭頂野で発見されている。

人間におけるミラーシステムの機能はまだわかっていないことが多い。認知神経科学や認知心理学の分野では、このシステムが知覚と行為のカップリングの神経的機構を提供しているという説もある。この説では、他人の行為を理解したり、模倣によって新しいスキルを習得したりする際に、ミラーニューロンが重要な役割を果たしているとされている。ミラーシステムが観察された行為をシミュレーションする、つまり心の理論のスキルに貢献する可能性があると推測する説もあり、ミラーニューロンを言語能力と関連づける説もある。マルコ・イアコボーニ（UCLA）などの神経科学者は、人間の脳のミラーニューロン・システムが他者の行為と意図の理解を助けると主張している。イアコボーニらは、2005年3月に発表された研究で、他者がカップを持ち上げる際、飲もうとしているのか、テーブルから片づけようとしているのかを、ミラーニューロンが区別できると報告した。加えて、ミラーニューロンは感情移

入などの人間の感情に関する能力の神経的基盤になっているとイアコボーニは主張している。

しかし、ミラーニューロンの機能を説明する方向に理論が進展することを快く思わない科学者もいる。2013 年の Wired 誌の記事で、クリスチャン・ジャネットは以下のように警告した。

（…前略…）ミラーニューロンの発見は刺激的で、魅力的である。しかし、メディアの記事を読む際、この細胞の研究はほとんど猿で行われたことを忘れないでほしい。ミラーニューロンには多くの種類があることも念頭においてほしい。それから、人類にミラーニューロンが存在するのか、そうであれば猿のミラーニューロンとどう違うのかについて、まだ、確かな証拠を確立しようとしている段階である。このような細胞の機能的意義の理解に関しては…デマに惑わされないように注意していただきたい。研究はまだ旅路の端緒についばかりなのだから。

今日まで、ミラーニューロンの活動がどのような認知機能を可能にしているかを記述した神経的モデルや計算論的モデルで、広く受け入れられたものはまだない。ミラーニューロンというテーマに関しては、これからも激しい議論が絶えることはないだろう。

[解説]
- A mirror neuron is a neuron that fires both when

行為（食べる、ちぎる、握るなど、すべて）をする際に活動する運動ニューロンの中で、自分の行為の時に活動するのみならず、他者が同じ行為をしているときにも反応するニューロンがあります。それがミラーニューロンです。
- Such neurons have been directly observed in primate species.

この directly というのは、サル、ラットや鳥の場合、頭を切り開いたり電極を刺したりできるということです。
- the perception/action coupling.
J.J. ギブソンの生態心理学の概念です。
- However, there are scientists who express skepticism about the theories being advanced to explain the function of mirror neurons.

skepticism を「疑念を抱く」ではなく、否定形を使っています。やや原文から離れますが練習として考えてください。
- To date, no widely accepted neural or computational models have been put forward to describe how mirror neuron activity supports cognitive functions.

"no widely accepted" の部分と、"neural or computational models..." の部分をわけました。
- The subject of mirror neurons continues to generate intense debate.

「続く」を「終わらない」と発想します。

第 14 章
▶練　習
1. この部屋には窓がない。
2. 「アラベスク」ということばには意味が沢山ある。
3. 田中さんは物事を覚えるのが早い。

▶演　習
1. マリー・ダイクマンは、アマチュアとしては歌うのが上手だった。
2. マルチメディアは、新しい教材の学習と理解に好ましい効果がある。
3. わが社は君がウリなんだよ。君の地球工学の経験がな。
4. パピエルニックは、土と水の中における殺虫剤の動きが専門である。
5. ブレットは走るのが特に速くなかったが、1979 年に三塁打を 20 本放ち、翌年に .390 の打率を記録した。
6. 実験条件と対照条件のチューターは、実験前の評価で、流ちょう性、正確性

およびレートスコアが同等であった。
7. この会社のパイロット・システムは、顧客用に1日約53m³生産する。顧客は主に地元の農業経営者である。しかし、この会社の競合会社は、今後数年内に生産量を大幅に増やして1日約7,571m³にする計画がある。

▶翻訳課題

他の動物に精神的生活があると想定できるほど、人類は心が広いだろうか。人類はそれを調査できるほど、創造性が発達しているのだろうか。注意、動機、認知の役割は切り分けることができるだろうか。この3つは動物の行動すべてに関わってくる。そこで、成績が悪かった場合、3つのうちどれで説明することも可能だ。上記の遊び好きな2匹の類人猿の場合、成績が伸びない理由を私は退屈だったからと説明したが、どうすれば確証が持てるだろうか。動物にどれだけ知性があるかを知るためには、人間側の創意が必要なのである。

それだけでなく、敬意も必要である。もし私たちが動物にテストを強要したならその結果は想像がつく。人間の子供の記憶力を調べるために、プールに放りこみ、出口を覚えているかテストするだろうか。しかし、モリスの水迷路は今日の何百という実験室で日常的に使用されている標準的な記憶テストで、ラットは高い壁のある水の入ったタンクの中を狂ったように泳ぎ続け、最後に水中に沈んだ台を見つけて助かるのである。またコロンビア障害法もある。ここでは動物が餌や異性（母親のラットの場合には子供）に向かう途中に電気グリッドがある。動物に餌を与えなかったり、性交させなかったりする期間を変動させ、どのくらい衝動が高まれば電気ショックの恐怖を乗り越えるかを調べるのだ。ストレスは実際にテストの主要なツールである。食物に対する動機を維持するため、動物の体重を通常の85％に制限しているというラボが多い。空腹が認知にどれくらい影響を与えるかに対するデータはひどく欠落している。私が見たのは「学習するには空腹すぎるのか」という論文くらいである。そこには「食料を制限されたニワトリは迷路タスクで細かな違いに気づく成績がそれほどよくない」という結果が出ていた。

空腹が学習を促進するという仮説は興味深い。街の見取り図を学ぶ、新しい友達のことを覚える、ピアノを習う、仕事を学ぶといった自分の人生の出来事を考えてみてほしい。食料がなんらかの役割を果たすことがあるだろうか。大学生に半永久的に食べ物を制限するといった提案をした人はいないのだ。どうして動物ならそれが大丈夫なのだろうか。ハリー・ハーロウは、アメリカの著名な霊長類学者であるが、空腹が学習を促進するというモデルを早くから批判していた。「知的能力の高い動物は主に好奇心と自由な探索を通して学習する。食料だけに執着すると両者は消えてしまう可能性が高い」とハーロウは主張している。

［解説］

- Are we open-minded, Are we creative という形容詞を使用したところで「は」「が」構文の使用を試みてください。
- It takes human ingenuity indeed to では「には」「が」（必要）という形で「は」「が」構文になりますね。
- the Morris Water Maze, the Columbia Obstruction Method は実験ですから目的、機材、方法をよく理解してください。インターネットで調べるのも1つのやり方です。
- deprivation 剥奪などと訳されますが、餌などを与えない、異性に会わせない、母親のラットの場合には子供と会わせないなどの具体例で考えます。